字字有文化

超有用的汉字文化常识

张闻玉 / 著

中国大百科全书出版社

图书在版编目（CIP）数据

字字有文化 / 张闻玉著 . —北京：中国大百科全书出版社，2021.3

ISBN 978-7-5202-0935-9

Ⅰ . ①字… Ⅱ . ①张… Ⅲ . ①汉字—文化研究 Ⅳ . ① H12

中国版本图书馆 CIP 数据核字（2021）第 031699 号

出 版 人 刘国辉
策 划 人 曾 辉
责任编辑 邬四娟
责任印制 魏 婷
封面设计 天下书装
出版发行 中国大百科全书出版社
地 址 北京阜成门北大街 17 号
邮政编码 100037
电 话 010-88390969
网 址 www.ecph.com.cn
印 刷 北京地大彩印有限公司
开 本 880 毫米 ×1230 毫米 1/32
印 张 11.25
字 数 220 千字
印 次 2021 年 4 月第 1 版 2021 年 4 月第 1 次印刷
书 号 ISBN 978-7-5202-0935-9
定 价 69.00 元

自序

中华民族创造了光辉灿烂的中华文化。华夏文明五千年，汉字与华夏文明共存共荣，汉字是中华文化的载体。

汉字的组合，千变万化；汉字的内涵，意蕴深厚。在西方人的眼里，汉字简直就是神秘莫测的“东方魔块”。“汉字是形象生动的奇妙世界，是严密深邃的理性王国，是优美高雅的艺术宫殿，是独特丰富的文化宝库。广袤宇宙的万千物象，史前时代的悠久存在，文明社会的真实情景，古代圣哲的智慧思维，华夏儿女的创造伟力，都积淀活跃在这‘东方魔块’之中。”作为有文化的中国人，我们一辈子都在学习她、使用她。点横竖撇、纵横交错、平衡包容、万千变化，她带给中华儿女的是智慧，是创造。

汉字是表意文字、视觉符号。早在周公时代，就存在雅言

（官话），今天称普通话。春秋战国时期，尽管文字分化、用字混乱、方国之言迥异，但雅言一直作为通用语使用。《论语·述而》有“子所雅言，诗、书、执礼，皆雅言也”。读书人日常生活讲本国方言，讲解经书、执行礼仪用雅言。自古读书人讲一套与汉字相应的普通话，这是汉语独有的现象。汉字影响了日本、韩国、朝鲜、越南等亚洲国家。她的“超语言”现象，源于她的表意。西方文字是音标符号，汉字是意象符号，各走一条道。音标简明，意象弘富。简明便于识别，弘富启迪思维。

汉字结构稳定。我们欣赏千年前的唐诗、宋词，毫无窒碍;《诗经》《楚辞》用字，普通人亦可识别十之六七；学者们据甲骨文、青铜器铭文（金文），能解读殷周历史，皆因汉字构形几千年来没有发生大的改变。汉字稳定性强，流传久远。每一个汉字，承载着她特有的历史，灵动而鲜活。

汉字的构形源于生活实践，又富含哲理。汉字的创造，体现了古人对生活细致入微的观察与体悟。天文地理、衣食住行、树木花草、鸟兽虫鱼、人事亲情，远物近身，无所不包，无不循理。汉字蕴含着中华民族博大精深的智慧，认识汉字是实实在在领略中华民族文化的博大精深。汉字的万千变化，又促进中华民族更具智慧。汉字的微妙，就在于她的意象，在于其中蕴藏的文化元素。解读出汉字的文化元素，才算真正认识了汉字。

汉字有规律可循，学起来并不繁难。东汉许慎的《说文解字》收 9 353 字,《广韵》（宋修）收 26 000 余字,《康熙字典》

收 47 000 余字，《中华字海》收 8 万多字，汉字经历由少渐多的发展过程。回到造字本源，了解汉字本意，理解她的文化寓意，必能取得事半功倍之效。

形、音、义是汉字的三要素，“音生于义，义著于形”，只有从审形入手，把形、音、义结合起来，才能掌握汉字的真谛。这就离不开《说文解字》。

《说文解字》讲“六书”，即是汉字六种造字方法：象形、指事、会意、形声、转注与假借。独体为文，合体成字。自古有“仓颉造字”说，最早的汉字只有约 500 初文，对应着象形、指事字；会意字由初文组合成新意，大体有千三百；转注、假借造字法，学术界争议颇多，涉及字数只有几十个；剩余的字皆为形声字，形符示意、声符表音。形声字在甲骨文中占十之六七，《说文解字》约有十分之八，现代汉字形声字占比达百分之九十五。形声造字是最多产的造字法，这或许是汉字没有走向拼音文字的重要原因。

按照“六书”的方法来研习汉字，我们需要专门记忆分析者不过 2 000 余字，而能驾驭数万汉字，这就是“以简驭繁”之法。这一系统方法不是今人的创造。章（太炎先生）黄（季刚先生）学派承继清代汉学家的成果，将传统小学（文字、声韵、训诂）从经学中独立出来，达到汉学研究的一个巅峰，成为 20 世纪二三十年代的学术主流。之后，西学西法滚滚而入，波及汉语研究的各个方面，汉字拼音化一度很热闹。百年来的学校教育质量，尤其是语文教学水平每况愈下，根本原因就是忽视了识字教育。老一辈学人都明白，没有扎实的国文功底做基础，其他学科是难得学好的，提高教育质量就是一句空话。

准确理解的汉字有多少，体现出一个人文化水平的高低。我们的终极目的，当然是认识中华文化，弘扬中华文化。

2006年底，《贵州日报》设置专栏，邀请我写些关于汉字的小文章，为引导普通读者正确理解使用汉字。专栏每周一期，两年积累文章百篇。2009年结集成册，取名为《汉字解读》，由凤凰出版社出版，十余年来广受读者欢迎。这次中国大百科全书出版社决定再版，突出文化内涵，更名《字字有文化》似要确切。借此我们补充了一些篇目，增加了甲骨文、金文、小篆字形，重新设计版面，增强该书的知识性、可读性，两相比照，一目了然。

改革开放四十余年，经济发展，人民生活稳定富足，人们学习传统文化的热情提高了。希望这本小书能带您走入奇妙的汉字世界，感受中华文化的深厚底蕴。

张闻玉　书

2020年10月30日

目录

· 天文时令

· 历史地理

·世事哲理

·人事亲情

· 品德修养

· 文字词汇

· 衣食住行

· 器物鸟兽

天文时令

谈天说地

人生于天地间，天覆地载，天地就是人类的父母。人与天地的关系自然就十分密切，人对于天地自然就十分地敬重。汉字中的“天地”二字，我们得好好认识。

简单说，人之上为天，人之下为地。《说文解字》（后简称《说文》）云：“天，颠也，至高无上。从一、大。”大，人的正面站立形。一，或作二，是古文的“上”字。会意，人之上为天。“颠”既是读音，又指头顶。天，当然“至高无上”。

地，从土，也声。古文“也”，读 tuō 或 tō。地与天，读音相近，音根相同，说明语音关系十分密切，也体现天与地的彼此相应。古语“是也”，四川人说“对头”，“是”读“对”，“也”读“头”，正是古音口语的遗迹。它（也），像一条尾巴，又如同飘带，弯曲延伸。“首施两端”即首尾两端，这里的“施”就

甲骨文

金文

篆文

天

是“尾”。施，也声。施的本义指旗帜的飘荡，又有延伸的意思。“池”（护城河）字从“也”，“蛇”字从“它”，都从“也”取义。古人席地而坐，取坐势，人之尾即人之下，自然是“地”了。天在人上，地在人下，天地同源，语源相同。万事万物，彼此相应，学习语言就得重视汉字的语源、音根。理解万物的相应，就得寻根求源，认识事物的本体。

天地是人类的父母，人就得崇敬天地，所以就有祭天、祭地。帝王自称天之子，天子才有资格祭天，祭天就由帝王垄断了。《公羊传》载“天子祭天，诸侯祭土”，历代帝王泰山封禅，就表示在祭天。帝王也祭地，所以有天坛，也有地坛。天为阳，地为阴。武则天是女皇帝，她得祭地。古人认为地中在阳城，在河南登封境内。武则天就曾到此祭地，以示“告成”，阳城从此改名告成镇。“诸侯所祭，莫重于社”，社指土地神主。最初的帝王祭地以后扩大到整个社会，民间的里社就有了土地庙。社就成了居民点的标志。帝王平常可到天坛祭天，到地坛祭地，老百姓就在堂屋列“天地君亲师”牌位祭祀天地，打破帝王的垄断，表达对天地的崇敬。

地 金文 篆文

天地是华夏先民最早认识的大自然，先民的哲理也就以天地为核心。《周易》的阴阳观由此产生。乾为天，坤为地，乾坤二卦是《周易》八卦、六十四卦的主体。一切的演化、说解，都源于乾坤，本于天地。天地在华夏民族文化中的崇高地位也就可想而知了。孔子倡导中庸之道，当今社会讲和谐，都源于《周易》的“阴阳协调”，最终还是来之于上天下地。

说『毕』

畢，从田、𠦒（bān），田网也。上“田”，田猎之义；下“𠦒”，象其形。毕，是一种网兔、网鸟的猎具。网小而柄长的叫毕，也用作动词，“毕之罗之”（《诗经·鸳鸯》）。以上覆下，尽可取获，网罗无遗。故毕尽可通，毕就有完尽、完毕之义。这是“毕”字的常用义。

古人的天人合一观念，认为人间有的天上也有。世间有用于田猎的毕，天上也有主弋猎的毕宿。二十八宿，西方白虎七宿：奎、娄、胃、昴、毕、觜（zī）、参。毕宿有八星，用线条连起来，如同Y，形状就像田网的毕，下有长柄，上是网叉。昴、毕二宿，被西方天文学划入金牛星座。

华夏先民对天象的观察十分勤劬，十分精细，涉及二十八宿，就留下很多优美的文字。就说毕宿，《诗经·大东》载“有

毕 甲骨文 金文 篆文

救天毕，载施之行”，是说长柄的天毕，横空排列。《诗经·渐渐之石》载“月离于毕，俾滂沱矣”，是说月亮行进在毕宿的位置，就要下大雨了。《幼学故事琼林》转写《尚书》上的话“箕好风，毕好雨”，这明明是以天象说天气的。而成语“箕风毕雨”，是比喻人的好恶各有不同。

我以为，值得重视的是古人以天文论天气的预报方法。上古时代，没有现代化仪器，华夏先贤却能做出准确的天气预报，指导民众的生产、生活。他们靠的是观察天文。《尚书·尧典》载：“日中，星鸟，以殷仲春。……日永，星火，以正仲夏。……宵中，星虚，以殷仲秋。……日短，星昴，以正仲冬。”日中、宵中，指昼夜长短等同。星鸟，指二十八宿中的南方朱雀七宿：井、鬼、柳、星、张、翼、轸。日永，昼长；日短，夜长。星火，即东方苍龙七宿：角、亢、氐、房、心、尾、箕。火，或称大火，具体指心宿二，明亮如火。星虚，指北方玄武七宿：斗、牛、女、虚、危、室、壁。这是以昼夜长短比例与四个星象的空间位置为标准，划分出春夏秋冬四个季节。可见，地球上春夏秋冬四季变化，与天文现象有关。《尚书·洪范》载“月之从星，则以风雨”，揭示出地球、月亮与恒星相互的对应关系，风雨由此而生。

经济发展、科技进步，而天灾频仍。这是不争的事实。当今的沙尘暴、泥石流、水灾、旱灾、海啸、地震、矿难、“非典”、禽流感、艾滋病、厄尔尼诺……无一不是大自然对人类过度索取的强烈报复。当然，我们强调与自然和谐相处，取之有度，取之有序；更应该总结、研究古代先贤以天文论天气的预报方法，有利于预测未来的天文、天气、天灾。如今科技发达，有现代化设备，更有利于我们以观察天文为依据，预报天气，预测天灾，这才是对传统文化的真正弘扬。

话说冬至

二十四节气，从古至今都起着简明而实用的农事历的作用。每个节气都用简要的两个字，把中原大地的日地关系、气候特点，以及相应的农事活动恰当地表示出来。它关乎华夏民族的农时农事；它与民众的生活息息相关；它为古今中国人所熟知，几乎到了无人不晓的地步。

二十四节气，至迟战国初期已经形成。从战国魏安釐王墓中发现的《逸周书·时训》里已有全面记载。不过，二分、二至、四立，当是最先产生的八气。《礼记·月令》就只记述了这八气。“分”指春分、秋分，“至”指夏至、冬至，立春、立夏称“启”，立秋、立冬称“闭”。《左传》上记载少昊氏设置历官，就有司分、司至、司启、司闭，时代就更早了，在尧舜之前。尧的功绩之一就是制定历术，这在《尧典》中有明确记载。

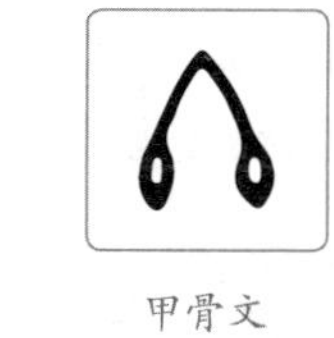
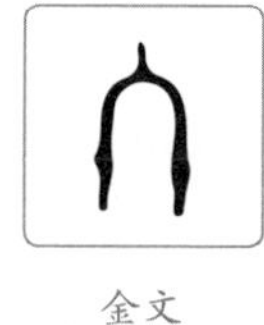

冬　甲骨文　金文　篆文

二十四节气建立在太阳视运动即回归年长度的基础上，最早是靠观察日影长度的变化来确定的，这就是立竿测影。立根竿子，就是“表”，表影从平放的圭上显示出来，以确定时令。这被称为“圭表测景”“土圭测景”。《周礼》注：“冬至，日在牵牛，景（影）丈三尺；夏至，日在东井，景尺五寸。此长短之极，极则气至。”冬至影最长，冬至就作为一个天文年度的起算点，冬至的时刻确定得准不准关系着全年节气的预报。古代天文学家的一项重要任务就是测定准确的冬至时刻。测出两次冬至时刻，就能得到一年的时间长度。这样定出的年，就是回归年，古代称之为“岁实”。

历术从观象授时进入到推算阶段，是一大进步，说明年、月、日的调配有了规律可循。战国初期四分历行用，明确记录其冬至点在牵牛初度。古代的二十四节气就是在这个基础上产生的。这样，古代的星象图、二十八宿的距度标示，都以牵牛为“0”标记，将一年365又1/4日的1/4日，计入牛前斗宿距度内，就称为“斗分”。

历术的运算以冬至为起点，冬至所在之月为“子月”，这是一年十二个月的首月，然后是丑月、寅月、卯月……子月为正月，即“建子为正”，称“子正”“周正”，《春秋》《孟子》记事就用周正（或称“周历”）。类推，丑月为正月，即“建丑为正”，称“丑正”“殷正”，《诗经》《月令》就使用丑正（或称“殷历”）。寅月为正月，即“建寅为正”，称“寅正”“夏正”，战国时代的“三晋”、楚国都使用寅正（夏历），就是孔子所说“行夏之时”。它与表冷暖寒暑的春夏秋冬相应，最便于农事生产。寅正的夏历行用不衰，两千多年不废，今天的农历还是“行夏之时”。

如果有那么一天，是甲子月、甲子朔日，又是夜半甲子时逢冬至时刻，作为历术的运算起点，多么理想啊！那真是理想的“历元”啰。司马迁《史记·历术甲子》记录的四分术就是这么安排的。它以公元前1567年（甲寅年）甲子月、甲子日、夜半冬至合朔作为计算起点，可以推知前后4560年的朔闰规律。中国古代的天文历术在当时处于世界领先水平，首屈一指，这的确是华夏文明的骄傲啊！

西方天文学重视春分，规定3月21日为春分日。不难看出，中国的二十四节气中，冬至确是最重要的。

日有食之

发生日食：太阳不在了，盲人乐官击鼓，小官员奔驰，老百姓乱跑。《史记》《尚书》《左传引〈夏书〉》都用了同样的文字："辰不集于房，瞽奏鼓，啬夫驰，庶人走。"这是世界上最早的日食记录，发生在夏朝的仲康时代，称"仲康日食"。《竹书纪年》载，周昭王十九年，"天大曀（yì，阴暗），雉兔皆震"。又载，周懿王"元年，天再旦于郑"。这些记载，都是描述性的，写日食发生时人或动物的惊恐状态。

用"日有食之"记录日食天象，最早出现在《诗经·十月之交》，那是指公元前776年周幽王六年酉月（十月）辛卯一次日食，借此表达老百姓对幽王的怨愤。古人以为，日食、地震等特异灾害是上天对统治者的警告，视为不祥。此后，古籍中都使用"日有食之"记录日食。

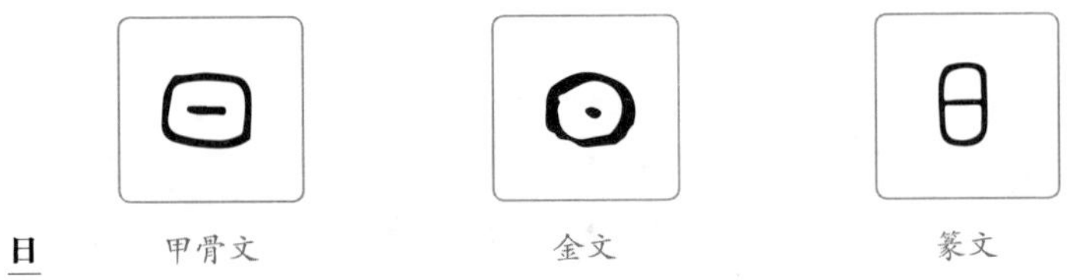

现今，我们习惯用“日蚀”或“日食”二字，而“日有食之”还有必要弄个明白。

有，塾师教你读“又”，改变声调也就改变了词性，就不能理解成动词的“有”了。这里的“有”，放在动词“食”的前面，只能视为副词，表肯定的副词，确认事实而已，不需要译出来。与之相应，表否定的副词用“无”，否定事实，今语用“不”。《论语》载，“无求生以害仁，有杀身以成仁”，其中表达的“不会……只会……”就是这种用法。

食之，就是吃了它。食之，动宾词组。“之”是宾语，泛指，意思就不具体了。“知之为知之，不知为不知”，知道就是知道，不知道就是不知道。其中的“之”也是泛指。“食之”的“之”，只能看成一个形式宾语。这样，做宾语的代词“之”，可以是指代明确，意义实实在在的；也可以是泛指、虚指，徒具宾语的形式。其实，任何事物都是一个理，有虚有实，可虚可实，字词的解释也不例外。

还有一个句式问题。汉语有几种句式？如果按照英文句式分类方式分，跟英文一样，基本句式有判断句、叙述句、否定句、疑问句。所以，很多语文语法书籍，就只讲这四种句式。学生也就只懂得这些。我们说，汉语的主体构架是主－谓－宾。要么，主语发出动作，主语支配谓语；要么，谓语说明、描写主语。主语发出动作，是动句；谓语描写主语，是表句。汉语就只有动句、表句两种句式。谓语说明、描写主语的表句很多，是汉语的一大特点。很多人是忽视了的。

以此衡量，日有食之，就是一个典型的表句。日（太阳），怎么样？吃了；帝国主义，赶跑了……没必要说成“被吃了”“被赶跑了”。

明白了这些关系，“日有食之”今语简洁地称为“日食”，也就是顺理成章的事。

春节之『春』

传统节日是传统文化的体现，中国最隆重最有影响的传统节日非春节莫属。了解一下春节的“春”字，还是有必要的。春节本来指大年初一那一天，传统习俗重视这个节日，“过春节”就前前后后延续了一个多月。老舍《北京的春节》中春节从腊八写起，到正月十九结束。而“春”的含义还要广，指一个季节。正月叫孟春、首春、元阳、正阳、孟阳、首阳、初月、嘉月、端月、开岁、献岁、夏正、岁首；二月叫仲春、酣春、仲阳、丽月、令月；三月叫季春、晚春、杪春、暮春、蚕月。这些月份的别名都来自文献典籍，或影响较大的诗文名句。正月称开岁，见《史记·冯衍传》：“开岁发春兮，百卉含英。”二月称酣春，有李贺诗句“劳劳胡燕怨酣春”。三月称杪春，见《礼记·王制》：“冢宰制国用，必于岁之杪。”故杪春指三月，杪秋

春

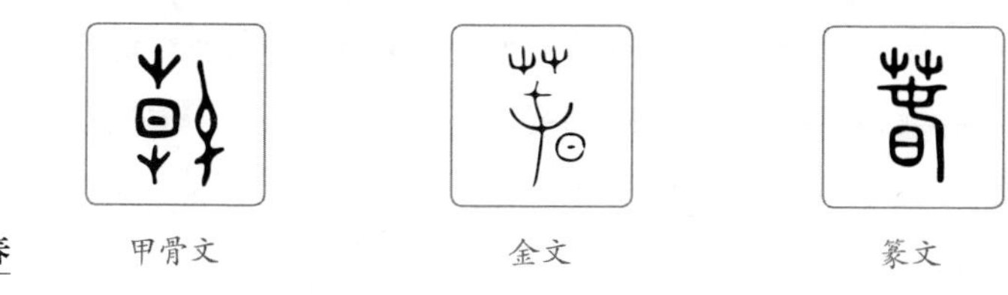

指九月，杪冬指十二月。

春字的本义是春季，《说文》云：“春，推也。从艸从日。艸，春时生也。屯声。”段玉裁以为“从日艸屯”会意，屯字象草木之初生之形。“屯亦声”，则会意兼形声。这是讲“春”的造字法。“春”“推”，古音双声，用声训法释春。《尚书大传》云：“春，出也，万物之出也。”不仅草木“春时生”，世上万物在春天都是生机勃勃。

春种秋收。春天是播种的季节，也是动物交配的季节，猫儿发情的俗称叫“叫春”。涉及无立春之年，即“无春年”，迷信称为“寡妇年”，就是用了“春”字的寓意。

篆文（又称小篆）的春作萅，从艸、日、屯，日在下，屯在中。小篆是秦始皇统一后的规范化汉字，属于古文字，笔画勾连圆转，书写并不方便。于是民间有了徒吏用的隶书，徒吏是官府经办文书的小吏。秦隶的笔画是断离方折。如果说，小篆是圆转笔，隶书则是直折笔。隶书属于今文字，隶书将古文字的形象化变为了今文字的符号化，彻底改变了古文字的结构，文字学上称为隶变。春字隶变后，结构大变，看不出“从艸、日、屯”，《说文》归入“艸部”，今已无艸，《辞海》新增一个“𡗗”部，收有奉、春、泰、奏、秦、舂等字。这些字都是隶变后“同化”了才有共同的部首“𡗗”。𡗗，无音无义，纯粹是个符号，只能叫“春字头”。

隶变主要有两种形式，一是分化，一个形体演变为几个形体，如水、手、心、火是“一形化多形”；二是同化，几个不同的形体变为同一形体，“多形化一形”，奉、春、泰、奏、秦、舂就是因同化而会合在一起了。奉，本是“从収（gǒng）从手，丰声”；泰，本是“从水从収，大（tài）声”；舂，“从臼从午（杵）从収”，是两手（収）用杵舂碓（臼）；秦，“从禾，舂省”。隶变的确是古今文字的分水岭。古文字还有形可象，今文字就是符号了。要想将汉字说个清楚，古文字（甲骨文、金文、小篆）的知识还是要具备的。

丰收之『年』

“民以食为天”，远古至今，都在强调食物的重要。到了农耕时代，主体食物就是粮食。约五千年前，生活在黄河流域的华夏先民就已经农耕立国了。炎帝神农氏是部落的首领，住在桑干河流域，他带领部族民众在龙门山放火烧山，草灰肥田，培育出了粟类谷物。粟，就是小米，后来成了我国北方农民的主要粮食作物，“小米加步枪”就是写实。放火烧山，烈火炎炎，带头人自然被尊为炎帝。农耕为本，首领就是神农氏。班固写《汉书》，已经把炎帝与神农氏合一。炎帝之后有黄帝，华夏先民此后就自称是炎黄子孙了。

粟是禾本植物，古人造“禾”字，象粟禾之形。《诗经·七月》有“禾麻菽麦”，菽是豆类；禾专指谷子，就是粟，去皮为小米。清代学者陈奂注《诗经》云：“禾者，今指小米。”《说文》

年　甲骨文　金文　篆文

云：“禾，嘉谷也。”在稻麦没有进入中原之前，小米的确还是美味农作物。农作物种类多了，禾的意义扩大，也成了谷类作物的总称。“锄禾日当午，汗滴禾下土”中，禾就不是专指粟了。

谷类一年一熟，甲骨文“年”字为，上禾下人。“人”也是“年”的读音，古音相同。人人有禾，自然是丰收。甲骨卜辞有“受年”“不受年”，就是卜问庄稼收成好不好，至今还说“年成”好坏。《说文》云：“年，谷孰（熟）也。”小篆的“人”，讹变成“千”。所以许慎说：“年，从禾，千声。”谷熟为年，《春秋》载“大有年”，指大丰收。《谷梁传》云“五谷大熟为大有年”。寒来暑往，春夏秋冬，谷熟的“年”又是十二个月的含义，用于纪时。最早纪时用“岁”，《尚书·尧典》载“以闰月定四时成岁”，岁指 365 日的回归年长度。《尔雅·释天》云：“夏曰岁，商曰祀，周曰年，唐虞曰载。”大体说，载、岁早一点，祀、年使用晚一点。古代文献都经过战国时人的传抄、改写，普遍的使用至今还是“年”。

禾谷收获完毕，要庆丰收，过一个愉快的丰收节。世上很多民族都有丰收节，华夏民族这个节就叫“年”。《诗经·七月》

载："曰为改岁。"改岁就是过年。至今除夕还叫过年。经过一年，天增岁月人增寿，年寿又指人的年龄。年龄大，德行好，就用"年高德韶"赞颂他。

"年"是古老的农耕文化的反映，中华民族最盛大的节日就是"过年"。一年的结束，就是新一年的开始，"过年"自然也是迎接春天的节日。说到"春节"，本指二十四节气的立春，南北朝以后确定放在年末。我们已经习惯把春节说成"过年"。过年的习俗：放鞭炮、贴春联、点起堆堆篝火在野外联欢，反正是红红火火。这是远古时代"草木畅茂，禽兽繁殖，五谷不登，禽兽逼人"的必然结果。《孟子》中继续写道："舜使益掌火，益烈山泽而焚之，禽兽逃匿。"以火驱兽、自求平安的习俗从那时遗留至今，"过年"又得以体现。

过年是喜庆日子，大年初一开始，人们要彼此道贺。明朝时候就有了"贺年帖"，后来叫"贺年片"。清朝康熙年间，贺年卡被制成红火吉利的硬卡片，做工精美，成为真正的"贺年卡"了。西方的"圣诞卡"也才有一百五十多年历史，第一张圣诞卡是英国人科尔发明的。我们已经行用了六百多年的贺年片过去只在春节使用，到了民国才有人在公历新年用它。保持传统的中国人，春节期间贺年片的往来似乎更多。

久旱逢甘霖

一个人的急迫愿望得到满足，如同久旱逢甘霖，当然是一件乐事。

甘霖即好雨。我们就从雨说起。雨水涉及农事，关乎人们的吃饭问题，自古就受到极大的关注。甲骨文记录的下雨、令雨、允雨（预报）相当多，作为一个农耕社会，也不足为怪。

雨，甲骨文写作，上面是云层，下面是雨滴，表示下雨这个行为，是动词。《周易·小畜卦》有“密云不雨”,《诗经·伯兮》有“其雨其雨，杲杲日出”,《淮南子·本经训》有“昔者仓颉作书，而天雨粟（天空下粮食），鬼夜哭”,《汉书·苏武传》有“天雨雪（天上下雪），武卧齧雪，与旃毛并咽之，数日不死，匈奴以为神”，以上都是做动词用的。下来的雨滴，是雨水，名词，古籍就有“甘雨”“夏雨”“春雨”。这就是“名动同

雨　甲骨文　金文　篆文

辞”。如果把做动词的雨讲成“名词活用作动词”，反而弄颠倒了。小篆的雨，在甲骨文、金文的基础上加一横，《说文》云：“一象天，冂象云，水霝（霖）其间也。”云在天之下，雨是从云层飘落下来的。云与天分得清清楚楚，完全符合今天的科学解说。

霖，从雨，下为林，表示雨落山林，算是会意。《说文》云：“霖，雨三日以往。从雨，林声。”可见，霖是一个会意兼形声的字，当是“从雨从林，林亦声”。《左传·隐公九年》有“凡雨，自三日以往为霖”。霖，是久雨不停的意思。许慎的解说原本于《左传》。这就是雨与霖的明显区别。

下雨这种自然现象，古人以为是神灵掌握，于是就有雷神雨师之说。天气源于天象，就有“箕好风，毕好雨”。《诗经》记载：“月离于毕，俾滂沱矣。”月亮在毕宿的位置就会大雨滂沱。天人合一，天象、天气就与人事有关。《幼学故事琼林》写着：“齐妇含冤，三年不雨；邹衍下狱，六月飞霜。”唐朝颜真卿做御史时，平原地方有冤狱未决，天大旱。直到颜真卿决狱后，天降大雨，四处沾足。《幼学故事琼林》便说：“御史雨，既沾既足。”

发大水造成水灾，令人畏惧。而雨，下雨，是人们的渴求，雨给人可亲可敬的感觉。杜甫有诗《春夜喜雨》：“好雨知时节，当春乃发生。随风潜入夜，润物细无声。”曹植的诗：“白日曜青春，时雨静飞尘。”时雨，是人们盼望的及时而降的雨。孟浩然《春晓》有“夜来风雨声，花落知多少”，含蓄曲折的意境，为千古绝唱。杜牧《清明》诗：“清明时节雨纷纷，路上行人欲断魂。”纷纷细雨与游客思乡怀土的忧伤心情配合得恰到好处。徐俯《春游湖》有“春雨断桥人不渡，小舟撑出柳荫来”，既写江南风光，兼有绝路逢生的境界。

值得一读是苏轼的《喜雨亭记》。他写道：“……弥月不雨，民方以为忧。越三月，乙卯乃雨，甲子又雨，民以为未足。丁卯大雨，三日乃止。官吏相与庆于庭，商贾相与歌于市，农夫相与忭于野。忧者以喜，病者以愈。”又道，“五日不雨则无麦”“十日不雨则无禾”“无麦无禾，岁且荐饥，狱讼繁兴而盗贼滋炽。则吾与二三子，虽欲优游以乐于此亭，其可得耶？”这里，把一位旷达乐观、与民同忧同乐的进步知识分子的心境，表现得淋漓尽致。

寒冬说『冰』

一夜之间，气温突降十几度，天气骤然转冷，雨棚上的水珠已经形成了冰挂。进入了三九天，晶莹剔透的冰凌、冰挂，窗上的冰花随处可见。出门在外，人人眼里都是“冰”。

冰，初文写作仌，象形字，像严寒中突出的冰块。小篆在仌旁加水，表示水凝成冰；隶变仌为冫，就是今天的冰。“冫”简化成一点，写成氷，是个异体字，已经废弃不用了。仌的本义是水的凝结、凝固，所以《说文》云：“仌，冻也。象水凝之形。”冻就是凝，凝冻可连用。冰与仌合一，多做名词冰块、冰花使用。许慎以为凝是冰字的俗写，“凝，俗冰从疑”。应该明白，冰是凝的先造字。做动词用就是冰凝、冰冻。一个字，做名词用，也可做动词用，“名动同辞”，在汉语里本属平常。不同的语言环境自可区别，不需要形态变化。《说文》立 540 个部

冰 甲骨文 金文 篆文

首，以字义分列。同在仌部，都有冰冷的意思。《说文》仌部收有 17 个字，还有 3 个异体字。常用的有：清、冻、凋、冬、冶、冷、凌等。仌做部首有寒义，是形声字的形符（义符）；仌也可做形声字的声符。冯，从马仌声。古音读 píng（凭）。这个“仌声”的确与仌相关。武汉大学刘博平（颐）先生说：“水冻成仌，履之坚厚如平陆，故据以制字。”马部的冯，因“层冰积厚”而“马行疾”，故以仌得声。这个仌声就兼有意义了。声兼义，正是汉字造字的特点。

明代梅膺祚《字汇》合并 540 部为 214 部，至今还为我们尊奉。这 214 个部首，以字形分类，偏旁相同就归入一部。《辞海》立“冫（仌）”部，收字更多，与仌无关的冲、次、决、况、凑、减、凔……都在其中，同有“冫”，也不管是否寒冷了。

冬字从仌从夂，夂是古文终字。《说文》：“冬，四时尽也。”冬是春夏秋冬最后一个季节，有冬日成仌的意思。年终冬日，水凝成冰。《诗经·七月》是先民的一首农事诗，对冬日的严寒、冬日的劳作都有描写。“一之日觱发，二之日栗烈”，十一月寒风呼号，十二月寒气凛冽，写严寒的。“二之日凿冰冲冲，三之日纳于凌阴”，十二月打冰当当响，十三月（正月）运到冰室收藏。下层平民寒冬腊月也是不得闲暇的。《诗经·七月》历用殷正，以丑月作正月，十二月即今夏历的冬月，十三月即夏历的腊月。

冰有寒冷义，严寒令人颤抖。极度恐惧也可令人颤抖。不寒而栗，天气不冷而害怕，显然是指内心的恐惧。

冰的晶莹，使冰有洁白义。冰清玉洁指像冰的清明、像玉的洁白，赞操行清白。“团团冰镜吐清辉”，冰镜专指明月。宋陈亮词：“冰轮斜辗镜天长，江练隐寒光。”冰轮，指皎洁的圆月。冰肌玉肤、冰肌雪肠，都指女性的肌肤洁白。

冰凝同义，凝也有洁白义，《诗经·硕人》有“肤如凝脂”，写卫庄公的夫人庄姜皮肤洁白如凝脂。白居易在其《长恨歌》中化用，“春寒赐浴华清池，温泉水滑洗凝脂”，写杨玉环的皮肤白嫩而柔滑。

说到冬日严寒，白居易《卖炭翁》中有两句应该记得：“可怜身上衣正单，心忧炭贱愿天寒。”

丰年说『灾』

这个标题，大有“晴带雨伞、饱带干粮”的意味。现如今经济发展，国民基本上解决了温饱问题，说得上年年都是丰年了。不过，潮涨潮落，丰不忘歉，时刻不要忘记那个“灾”字，它始终是悬在中华民族头上的一柄利剑。

汉字中，“灾”有几种写法：火烧房屋是火灾，造“灾”字；≋像波浪滔滔，洪水横流，是水灾；𢆉以戈尖高悬在人头上，是兵灾的𢦏（烖）；水灾、火灾同时来，造“災”字。分别造字，说明上古灾害之多。打仗的兵灾是为争夺食物，算人祸。火灾、水灾是不可抗拒的自然行为，的确是天灾。灾，上古主要指火灾。因为天灾、人祸分得很清楚。不同写法的异体字就有：災、甾、菑、烖、𤆎。1955 年第一批异体字整理，就保留一个“灾”字，大体上反映了它的本义。《说文・火部》有“烖”

灾  甲骨文  金文  篆文

字，释曰“烖，天火曰烖”。古籍中“災”字通行，“灾”字罕见，《说文》把“灾”字作为“或体”收在“烖”字中。可见，突出的是雷击电火。而甲骨文已有“灾”字，当是正体，本义就是火灾。“灾”的含义不断扩大，泛指一切灾害，诸如水灾、风灾、旱灾、虫灾、雹灾之类。

《说文·川部》还收有“巛，害也。从一雝川”，水壅之形。这就是《孟子》所载“当尧之时，天下犹未平，洪水横流，泛滥于天下”的景象。造字之初，火灾、水灾是分得很清楚的。

面对自然灾害，远古人的办法实在太少，祈祷、祈求就十分盛行。殷商时代注重祭祀，主要内容还是祭天，祈求上天保佑。明清时期的宫殿，少不得祈年殿，那是祈祷丰收。天坛、地坛，是专供皇帝祭祀天地的。五帝时代，以血缘集团为主体的部落体制逐步形成，人们团结一心，才有了抗灾能力，大禹治水就是明证。到了近代，科技进步，人们的抗灾、防灾意识更趋主动，避雷针、防震墙、防风林、防火漆、防海塘、防冻剂……几乎应有尽有。

探求一下天灾形成的原因，从根本上减少天灾，才有通天

坦途。天灾形成原因只有两个：自然的，人为的。当今的天灾，多是人为的。人类对自然过度索取，贪婪而无序，天灾是大自然对人类的警示与报复。对人类而言，是自食恶果。近日读到转载的法国《论坛报》一篇文章，作者说：中国经济真正的风险是生态灾难，中国环境持续恶化很可能导致严重后果，并极大地影响其经济。好在政府已经充分意识到了，正在采取积极的减灾、防灾措施。

自然的天灾，涉及地球的内部运动、大气层的气流运动、天体的周期运动。珠海刘明武先生研究，很多天灾源于天气，天气源于天文，知天文而言天气，知天气而预报天灾。按照天文—天气—天灾的理性脉络，很多天灾是可以预测、预报的。这就是古人的“天人合一”，观天象以知人事。不加深究的人，反而说那是“封建迷信”。可悲啊！

节约用水

小学生都知道，阳光、空气和水是人类生存的三要素，缺一不可。阳光、空气取之不尽，人们往往并不在意，其中最令人关注的就是水了。

地球上除了陆地就是海洋，前人的说法，“三山六水一分田”。两者的比例应该是接近黄金分割，水是主体。事实上，很多地方在闹着水荒，而我们中国的水资源又相当匮乏。

翻开古籍，可以看到远古的中原“洪水滔天”。《史记》用汤汤、浩浩来形容。《孟子》说：“当尧之时，天下犹未平，洪水横流，泛滥于天下。”这才有“禹疏九河”“三过其门而不入”。大禹治水，于史有据。尧舜禹时代，水是过剩了，让人畏惧。当今地质学、气象学研究表明，地球结束冰川时期，气候变暖，冰化雪消，形成全球性大水灾。世界各个古老民族都有类似的

水　甲骨文　金文　篆文

记载或传说。

水有流动、静止两种状态。汉字的水，是流动的水，独体象形。甲骨文写作，篆文写作。写成隶书，由于部位不同，隶变后就分化了，有了多种写法。淼、江、益、泰，都从水，写法却不一样。

《说文》云：“水，准也。”水静必平，水可做平的准则，所以训“准”。字形用动态，字义取静态，把水的特征都兼顾了。

《周易》八卦，坎卦为☵，像篆文水的横写。坎为水，中间一横是阳爻，表示“中有微阳之气”。水虽柔弱，内存阳刚。宇宙中的行星，外静而内动，外柔而内坚。相反，离卦为☲，离为火，中间⚋是阴爻。以离为日来看，放光放热的太阳中心部，当是液态的物质，如同地心充满液态物质一样。同理，宇宙中的恒星都是炽热而相对静止的天体；燃烧的火焰，中部总是阴阴的。水性柔弱却能克火，以柔克刚也。俗话说，欺人欺山莫欺水。水的威力是最令人畏惧的。五行中，以水配北，即“北方之行”。

水成就了生命，成就了人类，而人类并没有善待它。世间对物的消耗，世间对物的浪费，莫过于水。金能生水，挖地采矿，水何以生？木赖水生，木能蓄水，乱砍滥伐，水土流失；水的污染危害最大，它从源头断绝了人类的生存。沙漠化、沙尘暴、海啸、水灾，都应该视为大自然的报复。

禹疏九河，九河是指黄河的若干支流。《诗经》是周代的，咏叹了许多北方的汤汤河流。我到过卢沟桥，到过荆轲唱诵过的易水边，只能见到干涸的河床。家乡的巴水，20 世纪五六十年代可行船的，而今只能说是臭水沟，给人的心中总是留下隐痛，愧对先人啊！

只有到了干旱季节，到了饥渴难耐，人们才会真正体验到水的珍贵。广告提醒人们，要节约每一滴用水，我们做到了吗？

说『火』

中国古老的传说，盘古开天辟地，燧人氏钻木取火。盘古乃无稽之谈，燧人氏可不同了，有人将他列入了三皇五帝之首，说他开启了中华民族的文明时代。其实，天地之间万事万物，人类乃万物之一。人学会了用火，就区别于其他动物，火的确是人类文明的标志。

火，是物体燃烧时产生的光与焰。甲骨文写作，像几堆火，独体象形。几经简化就成了篆文的。有了火，人类有了熟食，促成了人类的进化，开启了人类的文明。燧人氏就不仅仅是中华民族的了。火在人之上是“光”字。光明与黑暗相对，夜晚用火炬照明，其位置高于人。《说文》：“光，明也。从火在人上。”

钻木取火是人类的自觉行为，澳洲的土著民族至今还有钻

火 甲骨文 篆文

木取火的。此外，还有天火，即自然之火，如雷击、温度过高引起的燃烧。直接从太阳光取火，叫阳燧。王充《论衡》说："阳燧取火于天。五月丙午日中之时，消炼五石，铸以为器。"中学生可以用凹透镜在太阳光下做取火的实验。

火是光明，明亮之物可以叫火。华夏先民勤观天象，商民族以心宿二为标准星，称"火""大火"，因为心宿二明亮，很显眼。延续到周代还称"火"，《诗经》有"七月流火"。古籍中的"内（纳）火""火伏""火中"指的都是心宿二，心宿二又称商星、火宿。

五行中有火。金、木、水、火、土作为五种物质元素，用以解说世间万事万物。这就是五行学说。万物中与"火"同类者皆归于火。南方炎热，南方属火；四相中南朱雀，鸟、羽属火；十干中丙丁位于南，丙丁属火；火炎上生苦味，五味苦属火；火烧物必焦，五臭焦属火；火星色赤，五色赤属火；心宿二叫"火"，五脏心属火；耳为心之窍，耳必属火；五大行星有火星，古称荧惑，荧惑属火；夏季炎热，夏属火；司马主战生战火，五官司马属火；仁、义、礼、智、信叫五常，礼在心之诚，礼当属火。南方之神曰祝融，是高辛氏之火正，尊为火神。南岳衡山最高峰叫祝融峰，山下南岳庙供奉的正神是炎帝。

火给人类带来了文明，所谓“奥运圣火”是团结友谊的象征。火也会带来灾难，“灾”字有火。天灾不说，人为的放火，自古就有很多记载。项羽“烧秦宫室，火三月不灭”。诸葛亮擅长火攻，火烧赤壁烧出一个三国。《孙子兵法》有“火攻篇”专讲火攻战术。近代有英法联军“火烧圆明园”，那是中华民族的耻辱啊！

历史地理

有史以来

报载，北京奥运村，绝对是有史以来最绿色、最环保、最没有污染的奥运村，所有用纸全部为再生纸、比常规建筑节能83%、充分利用太阳能、不用洗衣粉……这真是北京奥运的骄傲，也是中国的骄傲。我们借“有史以来”做个题目，讲一个“史”字。

《说文·史部》：“史，记事者也。从又持中。中，正也。”发生的事，如实书写。中，不偏、不外。记事者的史，指史官。《礼记·玉藻》云：“动则左史书之，言则右史书之。”就是“左史记事，右史记言”。古文字，史、吏、事、使，本为同义，记载下来的事就称史，记事的职官也称史官。史就是事，甲骨文的写法一个样，二字同形、同义、同源。《说文》载：“吏，从一从史，史亦声。”官吏、刀笔吏、封疆大吏，源于最早的“史

官”。《说文》云：“使，令也。从人，吏声。”吏同使。《左传》中“吏走问诸朝”本为“使走问诸朝”。使，义为出使，“奉命出使”是国家大事之一，自然就是“事”。发生的事，记下来就是“史”。历史，就是故事，过去了的事情。有本叫《幼学故事琼林》的书，就是历史事件、典故的汇编。

世界四大文明古国，都有悠久的历史。而我们中国，有史记载，已有五千年文明，她不仅历史悠久，且延续不断，在世界上绝无仅有。司马迁《史记》开篇是《五帝本纪》，从人文始祖黄帝写起，那是在约公元前2600年前。五帝之前，还有三皇时代，虽是传说，并非无根之谈。悠久而延续，当是中国古史的特点。

俗话说“相安无事”，有事就不得安宁。这个“事”，显然是战事、军事。古语说，“国之大事，在祀与戎”。戎，就是打仗。古籍中，“有事”往往是动武的代名词。《论语》有“季氏将有事于颛臾”，就是季氏将攻打颛臾。应该明白，古史记事，主要是记录战争状况。

我们的祖先很重视史实的记录，而且世代相传，留下若干历史文献。《尚书》是最早的史籍记录，起于尧舜时代。各朝各代都有记言记事的“史记”，从现存文字《逸周书》查考，周穆王时代就有“史记”。《穆天子传》就是穆王西征的记录，年月日都记得清清楚楚。春秋时代的诸侯国，都有各自的“史记”。《孟子》上说：“诗亡然后春秋作，晋之乘，楚之梼杌，鲁之春秋，一也。”各国叫法不同，都是史书。《墨子》载，“吾见百国春秋”“著在燕之春秋”“著在宋之春秋”，可见“春秋”为各国史书之通名。今天能见到的，只有经过孔子整理过的鲁国国史《春秋》了。此后，史部的著作，可谓汗牛充栋，分正史类、别史类、编年类、纪事本末类、杂史类、载记类、史表类、史钞类、史评类、传记类、政书类、时令类、地理类、金石类等，类中还可细分。

两千多年来的历史学过多地服务于政治，沦落为政治的附庸，如同少女任人打扮，如同面团任人搓揉。停留于史实表面，等于走进了死胡同。而今文化史学勃然兴起，史学家更注重史实的文化内涵，时尚的文化史学观使历史学步入了广阔的新天地。

值得一说的是20世纪30年代以来史学界闹得沸沸扬扬的“中国古代史分期问题”，特指从奴隶社会向封建社会的历史转折，主要有三论：西周封建论、战国封建论、魏晋封建论。影响大的，当然是郭沫若的战国封建论。如果否定中国古代有奴隶社会，分期之争就失去了存在的意义。这期间，许多优秀的史学家倾注了他们的聪明才智，投入一场旷日持久而又没有结果的所谓“学术大讨论”。这期间，不少优秀史学家遭到打击迫害，历史学研究出现危机。

当今，“中国无奴隶社会”说崛起，信众日多。史学家田昌五改变以前的学术思路，他把五帝和夏商周称为族邦时代，战国直至清朝灭亡为封建帝制时代。这大体符合中国古史的真实。

夏数得天

《逸周书·周月》载："夏数得天，百王所同。"夏数，指以寅为正的夏历。得天，得天地之正理，即寅正符合时令。这里说，夏历是前代百王都采用的。颜渊问孔子如何治国，孔子首先提出"行夏之时"，强调使用夏历。我们今天行用的农历，就是以寅为正的夏历。从春秋时代算起，夏历的使用也有近三千年历史了。

读过《尚书·尧典》的人都知道，帝尧创制历法，测得一年有 366 日。先民使用阴阳合历体制，朔望月周期只有 29 天半，就得"以闰月定四时成岁"。一年十二个月，用子、丑、寅、卯、辰、巳、午、未、申、酉、戌、亥标识，三年左右，得加一个闰月，春秋时期测得必须"十九年七闰"才能使太阳与月亮周期协调。长期使用寅月作正月，符合四季气候变化，有利

夏　甲骨文　金文　篆文

于安排农事活动。事实说明，夏民族已经习用寅正了。今天的山西省南部，古称夏墟，西周成王的兄弟封于此，称“唐”，即唐叔虞。《诗经·唐风》就产生于此。此地后改称“晋”，战国的韩、赵、魏合称“三晋”。三晋承袭夏俗，一直使用夏历寅正。夏数得天，所以扩延到四海之内，直至今日。

随着夏王朝的建立，中原人就是当然的夏人。《说文》云：“夏，中国之人也。”甲骨文的夏，是一个头身手足俱全的人，完美的人，伟大的人。我们的祖先就这样描绘我们自己，仪表堂堂，自信自尊。今天的“夏”字，保留了头（頁）、足（夊），其余身、两手都省去了。

夏王朝，大一统，夏引申出大的意思。其实，“大”也是人的正面直立之形。夏与大，其义相通。《尔雅》曰：“夏，大也。”《尚书·孔氏传》云：“冕服采章曰华，大国曰夏。”唐代孔颖达说：“中国有礼仪之大，故称夏；有服饰之美，谓之华。”这就是中国人古代自称华夏的来由。比较周边的外夷，国大人大，有如同今人“财大气粗”的意味。

司马迁《史记》第二篇就是《夏本纪》，明确记载了一个夏王朝。20 世纪上半叶，史学界出现疑古思潮，有部分学者曾怀疑夏代的存在。殷墟甲骨文证实了司马迁《殷本纪》商王世系的真实性，应该相信夏王世系并非虚构。夏代的历史还得依靠考古手段去证实与补充。文献记载的夏人活动区，即今天河南西北部嵩山南北一带，经过一系列发掘，先后发现了偃师二里头遗址、登封王城岗遗址、禹县瓦店遗址。普遍认为，二里头文化正是我们要寻找的夏文化。根据文献考定，西周纪年总年数 336 年；商代总年数 628 年；夏王朝在公元前 2205 年至公元前 1735 年，总年数 471 年。这是从禹即位算起的。

疑古派否定禹的存在，考证出“禹是一条虫”。文献记载，禹的父亲是鲧，疑古派考证出“鲧是一条鱼”，根本没有崇伯鲧这个人。史学界有人以推翻司马迁为荣，疑古派表现得十分显眼。简单的道理：否定文献记载，就是否定历史。不过，“禹是一条虫”“鲧是一条鱼”给我们启示：大禹是以“虫”为图腾的部落首领，崇伯鲧是以“鱼”为图腾的部落首领。疑古派始终徘徊在真理的大门之外呢！

子与崽

古语里的子，兼指男女，是总名、大名。男，男孩子；女，女孩子。这些是别名、小名。《仪礼》有“故子生三月则父名之”，显然不分性别。《论语》有“孔子以其兄之子妻之”，《韩非子》有“卫人嫁其子”，显然是指女孩。《汉书》中“（苏）武子男元”，指苏武的儿子苏元。韩愈《柳子厚墓志铭》云“子厚有子男二人”，《战国策》有“彼又将使其子女谗妾为诸侯妃姬”，大名“子”在前，小名“男”“女”在后。这样的词语组合叫“大名冠小名”。诸如草芥、禽犊、虫螟、虫蚁、木桃、木李、斧斤、鼎鼐之类都是这种组合。子男，儿女中的男孩子；子女，儿女中的女孩子。解说是很别扭的。古语可以倒读，从下往上读，读成了男子、女子，这叫“倒语”。子男、子女，是两个单音词的组合，男子、女子就是双音词了。

甲骨文的“子”字，象婴儿之形。还有的“子”字，头上还有三根小毛。有三毛的“子”，当是“崽”字。幼崽，可以走路了。我们过去，子、崽不分，看成了一个字。小篆的子（）更像婴儿，大头、小手上摆，两腿在襁褓之中则合一。不难明白，子的本义是婴儿。引申出去，动物的幼崽也可叫“子”，“不入虎穴，焉得虎子”就是。

六十个纪日干支，甲骨文已经很完整了。不过文字上用的是：甲崽、丙崽、戊崽、庚崽，乙子、丁子、己子、辛子。子取代崽，就有甲子、丙子、戊子、庚子。巳取代子，就有乙巳、丁巳、己巳、辛巳。子崽义同，自可取代。有甲子，又有乙子，势必混乱，才有巳取代子，做到分工明确。

十二地支：子、丑、寅、卯、辰、巳、午、未、申、酉、戌、亥。十二生肖，子为鼠。四方，子为北，尊位，天子坐北朝南。五行，子为水。十二地支以子为首，为什么？子，有三毛的子，是崽字。甲骨文崽字，很像二十八宿的参宿（xiù）形象。三根小毛，正像参宿上面的觜宿。参宿是夏民族观星象的标准星。《左传》记载“伐为大辰”，伐在参宿界内，也就是参为大辰。当参宿晨出东方，预示春天的到来，一年的春耕要开始了。先民要吃饭，就特别重视春天的星象。夏墟在晋南，晋之前叫唐,《诗经 · 唐风》“三星在天”“三星在隅”“三星在户”，指的就是参三星。所以，研究古天文的郑文光先生得出结论：十二地支始于夏代。这是很有见地，也很有说服力的。不过，最早用的是“崽”字。

夏禹姓姒，姒文命，子孙姒姓。姒、巳同音，周克商，封夏后裔于杞，杞即巳、姒。成语有“杞人忧天”。成汤子姓，子天乙。商代帝王姓子。十二地支，以子取代崽，子为首，当在商朝。

周代金文常有“子子孙孙永宝用之”的套语，往往铸成“子 = 孙 =”(= 是重文符号)，或者“子孙 = =”。

子在今语中用得也多。作为附加成分放在名词后面，也叫后缀，比比皆是。那是虚化了的子：帽子、领子、辫子、面子、袖子、裤子、鞋子、袜子……儿时看演出，有演员“说百子”，将几十上百的带子的词儿串在一起，显现语言艺术，很是有趣。

昭王南征而不复

上大学时，学习《古代汉语》中的文选《齐桓公伐楚》，其中“昭王南征而不复”一句给我印象最深，尔后就从没有忘记过。齐桓公称霸，无端攻打楚国，编造的理由之一就是“昭王南征而不复，寡人是问”。周昭王时代距齐桓公伐楚已有三百五十余年，前八辈子的事情，怎么也不沾边，明明是找个伐楚的借口，还振振有词，可见齐桓公的霸道。当时觉得这句话很滑稽，有点强盗逻辑的意味，自然就记住了。回顾一下历史，周文王奠定了周王朝的基业，武王伐纣得天下，不到两年就病故，儿子成王年幼，由周公摄政七年，成王之后是康王，成康盛世，“刑错四十余年不用”；尔后昭王“德衰”，攻掠四方，晚年巡视南土，溺死于汉水。这就是“南征而不复”。昭王之后是穆王，也算得雄才大略，“穆王西征”更是一段佳话，有《穆

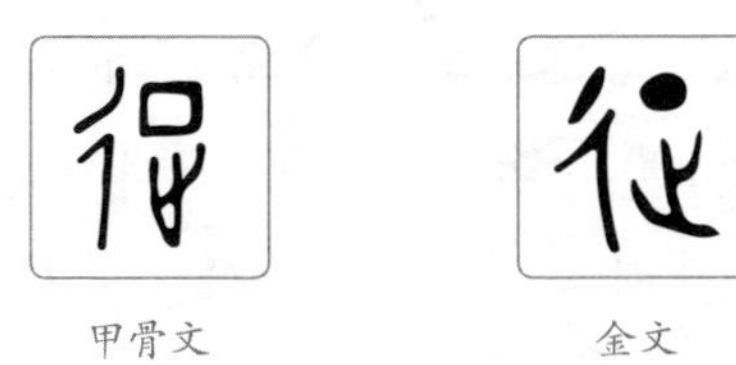

征　甲骨文　金文　篆文

天子传》流传于世。借此，我们说说“征”字。

“征”字《说文》收在辵部，“正行也，从辵，正声。或从彳”，或体才写作“征”。或体，就是另一种写法。正体是“从辵”，后来反而不用了。甲骨文的正、征、政，本是一个字，音义相关，音同义近。正，止于某地，再向前就是进攻、征伐了，甲骨文有“王正召方”即“王征召方”；征，朝前走，当然也可以是征伐；政，右边就是手执的武器，本义就是征伐。后来文字分工：正，取正面之义；征，专指征伐；政，由武力征讨引申为专政、政治。古籍中，“诸侯力政”必须读成“诸侯力征”，还保留着“政”字的征讨、征伐之义。

从“昭王南征”“穆王西征”看，“征”字指天子出行，外出巡视，使用的还是本义。《尚书》载，帝舜勤于政事，“东巡守”“南巡守”“西巡守”“朔（北）巡守”，就是到各地巡视。巡守，也作“巡狩”，狩是狩猎，就带有征伐、猎取之义，火药味很浓了。帝王时代所谓“御驾亲征”就是皇帝带兵亲自征讨了。

值得一说的是“穆王西征”。《穆天子传》记载穆王十三年三月开始西行，十四年十一月回到南郑，前后将近两年。穆王十四年即公元前993年，至2007年正好三千年。三千年前，周穆王西行，进入到今天的中亚地区，开始了中原与西域的沟通，这比汉代张骞公元前126年通西域早了860多年。穆王西征就是一次远足旅游，他的驾车人叫造父，还是一个优秀的牧马人。造父在秦岭山中挑选了八匹骏马，供西行长途跋涉。穆王归来，赏赐赵城给造父，子孙以赵为姓，造父就是后来赵国的先祖。八匹骏马个个有特色，都取有名字，历代画师从此取材，徐悲鸿的《骏马图》当然是上乘之作。穆王姬满五十岁继承昭王位做了天子，他不迷恋权势，对外出旅游特别痴迷，经常东征、北行，健康而豁达，在位55年，是历史上最长寿的帝王。穆王西征，就是西游，征就是外出旅游。

“征”的本义是正行、远行，远行人就叫“征夫”。《诗经》就有“征夫归止”“征夫捷捷”“哀我征夫”的咏叹。征夫也泛指行人，陶渊明《归去来兮辞》有“问征夫以前路”。征，在古代主要指征伐，上伐下。李白诗“何日平胡虏，良人罢远征”，王昌龄《出塞》“秦时明月汉时关，万里长征人未还”，征指的就是征战。征，在古代还指赋税。《孟子·尽心下》：“有布缕之征，粟米之征，力役之征。”可见战国时代赋税有三种，布帛是商业交易税，谷米是农田税，力役是义务劳工。《礼记·檀弓》中孔子感叹“苛政猛于虎”，苛政即苛征，指烦琐的赋税。有人注释“苛政”为暴政，显得空泛，不可取。

今天的“征”还兼并了一个“徵”字，算同音合并。徵，主要指征召、验证、索求，是“征”字不具备的。征与徵，两者意义相差甚远，古书中没有互用的现象。五音指宫、商、角、徵（zhǐ）、羽，其中的“徵”更不能用作“征”。这种同音合并，就没有多少道理。

清代贵州遵义学者郑珍，字子尹，朝廷征召而不肯受职，死后无官职，墓碑上就只好称“郑徵君之墓”，也算一种荣耀。

焚书坑儒

秦始皇一统天下后，为强化中央集权，有焚书坑儒的举动，招来天下骂名。坑儒，就是活埋四百六十多个读书人。这在《史记》中是有明确记载的。坑儒，秦始皇是出于推行法制的政治考量。

坑，古字作阬，《说文》云："门也。"段注："凡孔穴深大皆曰阆阬。"《释诂》云："虚也。地之孔穴虚处与门同。"今言泥坑、水坑，指洼下去的地方，已是引申义了。坑杀，动词，即活埋。

说到活埋，秦始皇之前，公元前259年，赵孝成王七年，秦赵长平之战赵括以军降秦，赵卒四十余万皆坑之。真是骇人听闻。秦始皇之后，公元前206年，汉高祖元年，项羽坑秦卒二十余万人于新安城南。《史记》也是记录在案的。

坑　篆文

明末，张献忠带兵入川，坐守川北，有“八大（dài）王剿四川”之说，也是杀人如麻，我的家乡就留下许多万人坑。我出生的场镇，街后面就是万人坑，小时候听起来很恐怖的。四川人口锐减，清初不得不大规模移民，这才有“湖广填四川”，至今川北人的祖籍多是湖广，巴中一带则是麻城、孝感。

我们还应该说到考古发现，近代以来，中原常有墓穴发掘，也发现有若干殉葬墓，尤其殷商的墓穴，一些史学家拿它作为中国古代有奴隶社会的佐证。他们认为，活埋的就是奴隶。这是很难令人赞同的。

学习研究中国古代史的都明白，“国之大事，在祀与戎”。打仗是大事。为什么打仗？不外是缺衣少吃，逼得去抢；要么防止别人来抢。掠夺战，或者保卫战，都是为吃。生产力低下，养不活这个部族，打仗就不可避免。打了胜仗，得到粮食与俘虏。俘虏怎么办？坑杀应该就是首选。释放，等于放虎归山，不可取。养起来？自己都吃不饱，怎么养？长平之战秦坑赵卒，后来项羽坑秦卒，也是同一个道理。正确理解中国古代社会，处处要想到“民以食为天”，离开了“食”，不可能有什么研究结果。

中国古代没有大批量的奴隶，家奴、家仆不构成奴隶社会。坑杀活埋不能证成中国的奴隶社会，妻妾殉葬也不是奴隶社会的遗俗。换一个角度，不用西方人的观点，也许更容易理解。

农耕之『农』

司马迁写《史记》从黄帝写起，第一篇是《五帝本纪》。五帝之前，还有一段漫长的历史，我们习惯称为“三皇时代”。“三皇”虽说法不一，伏羲氏、神农氏两位先祖是不会缺的。伏羲氏“教人佃渔畜牧”，像是畜牧时代的领袖人物。神农氏应该是进入农耕社会的另一位先祖。神农的功绩是“艺五谷，制医药”。五谷与药草同属草本之类，也是进口之物，功效是一致的。既要有吃，还要吃出健康。从神农氏算起，中华的农耕就延绵不断，至今还是一个农业大国。从根上说，我们都是农夫的子孙，祖祖辈辈是务农的。我们不忘根本，都懂得“农”字的分量。

《说文》云：“农，耕也。”农就是耕种。杜预注《左传》，“种曰农，收曰穑”。《汉书·食货志》说得更明白，“辟土殖谷

农　甲骨文　金文　篆文

曰农”。甲骨文“农”字为，从林从辰，会意，表示垦荒耕种，农具是“辰”。金文有从茻、从田、从辰的，意思也一样。小篆的“农”，上部在“田”的两侧增加一双手，隶变后上部讹变为“曲”，就是今天的“農”字，简化作“农”。

上古社会，“民食果蓏蚌蛤”，锐利的大蚌壳正好做农具。徐中舒认为，辰字像套在手中的镰。郭沫若以为，辰与蜃在古当系一字，蜃是大蛤。于是“农事之字每多从辰，如蓐如辱如薅皆是”，还有耨、搙、鎒。

五帝时代就设有农官，周的始祖弃就是帝尧的稷官，号曰“后稷”。《尚书·洪范》云“农用八政，一曰食”，涉及食用的农耕放在了首位。完整记录农夫一年农事活动的《诗经·七月》，是不朽的诗篇。战国时代的诸子百家，“农家”的影响很大。《汉书·诸子略》赞许农家提倡“播百谷，劝耕桑，以足衣食”。史籍说明，中华民族是一个注重农耕的伟大民族。

从事农耕的人是农夫，“无衣无褐”。享有特权的是贵族，“不稼不穑”而占有粮食。阶级对立在《诗经》中多有反映。《孟子》载：“狗彘食人食而不知检，涂（途）有饿殍而不知发。”这是贵族与平民的对比。唐诗写农民疾苦的就更多了。“六月禾未秀，官家已修仓。”（聂夷中诗）“田家衣食无厚薄，不见县门身即乐。”（王建诗）“官苗若不平平纳，任是丰年也受饥。”（杜荀鹤诗）“到头禾黍属他人，不知何处抛妻子！”（张碧诗）宋代杨万里的“荒山半寸无遗土，田父何曾一饱来”也是一样的诉求。《水浒传》中一首民歌脍炙人口：“赤日炎炎似火烧，野田禾稻半枯焦。农夫心内如汤煮，公子王孙把扇摇。”鲜明对照，发人深省。

农事关乎民生，农耕是国家的根本。孟子的王道理想就是建立在重视农耕、保证百姓温饱的基础之上。“五十者可以衣帛矣”“七十者可以食肉矣”“黎民不饥不寒”，目标很明确。历代有远见的政治家对农耕的重要性都有清醒的认识，提出了若干利于农耕的主张。贾谊的《论积贮疏》指出“背本趋末”、轻视耕织的错误，主张“驱民而归之农，皆著于本”，必然“蓄积足而乐其所矣”。晁错的《论贵粟疏》称得上是政治家的宣言，“贫生于不足，不足生于不农，不农则不地著，不地著则离乡轻家，民如鸟兽”，提出“明君贵五谷而贱珠玉”，“使民务农”，“欲民务农，在于贵粟”。不能不说，汉唐盛世与统治者重视农业大有关系。

鸦片战争后，外国入侵，清王朝腐朽没落，民不聊生。进入民国，军阀混战，中国人尤其农民处于水深火热之中。无私的革命家、清醒的文化人，都意识到“中国的问题是农民问题”。几千年的积垢，农民的“愚贫弱私”暴露无遗。1929 年一个四川巴中人晏阳初来到定县，开始摸索一套综合的农村改造方案，从识字教育、生计教育、卫生教育和公民教育着手解决问题。晏阳初后来成了享誉世界的平民教育家和乡村建设家，他的一生改变了世界上上亿贫苦民众的命运。定县也成了遍及全世界的乡村建设运动的发源地，从而载入史册。

从根本上解决中国农民问题的是中国共产党。几十年的发展变化证明了这一点。一个十三亿人口的农业大国，吃饭始终是第一件大事，“无粮不富”“无粮不稳”已成共识，农业依然是头等大事。进入21世纪，党中央格外重视“三农”，顺民意、得民心。

四面八方

东西南北表示方位，是人类生活中的重要概念。东，从日在木中，意思是太阳从森林中升起；西，指鸟儿栖息在巢，本义是“栖”，借作指方位，另造“栖”字，“西”专用作指夕阳西下的方位。每天太阳东升西落，对人的生活影响至大。南，外框𡴀像茂盛的草木，读“pō”（“孛”字的上部分），羊里面是声符，读“nán”。草木向阳而生，就黄河流域看，一天中太阳主要在南方。北，“从二人相背”，本指人之背。坐北朝南，背后就是北方。北用来专指方位，就另造“背”字相区别。古人又说北方是伏方，取万物伏藏的意思。

河南发掘出来的安阳殷代宫殿遗址，其南北方向与今天指南针所指方向完全吻合。说明殷商时代测定东南西北方位已经十分准确了。古人怎么测出的呢？《周髀算经》载：“以日始出

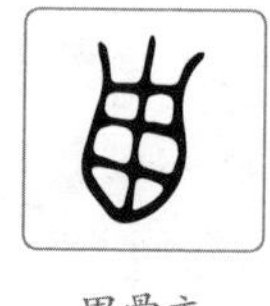

西　甲骨文　金文　篆文

注：栖是后造字

立表，而识其晷，日入复识其晷，晷之两端相直者，正东西也。中折之指表者，正南北也。”表是一根竿子，晷即日影。或者说，日出时表影端点和日没时表影端点的连线，就是正东、正西；线的中点，跟表本身的连线，就是正南、正北。

除此，纵横、经纬也指东南西北。东西为横，南北为纵，合纵连横以此为说。南北纵线为经，东西横线为纬。经线、纬线，经度、纬度以此为说。直经横纬，南北直，东西横。我们习惯说东南、东北、西南、西北，西方人习惯说南东、北东、南西、北西。

地平方位图

远古先民认为天圆地方，大地是方形的，必有四隅，四个角落。除了四个正方位，还有四个偏方位，也就是东南、东北、西南、西北，这组合成了八方，就有了“四面八方”的说法。司马迁说“文王拘而演周易”，“文王八卦方位”西周时代就有了 。八卦与八方是一致的：东（震）、南（离）、西（兑）、北（坎）、西北（乾）、西南（坤）、东南（巽）、东北（艮）。

人的认识不断提高，“八方”就显得粗疏了。古人又将十天干、十二地支用于表示地平方位。十天干是：甲乙为东，丙丁为南，戊己为中，庚辛为西，壬癸为北。——这自然是受了五行说的影响。十二地支是：子为正北，接丑位、寅位；卯为正东，接辰位、巳位；午为正南，接未位、申位；酉为正西，接戌位、亥位。上为南，下为北，南北经线我们称之为子午线，一同此理。《周髀算经》载：“冬至昼极短，日出辰而入申；夏至昼极长，日出寅而入戌。”这显然是以地支表方位的。

历代制作的浑仪以及天球仪都装有地平环，一般都用四维（乾坤巽艮）、八天干、十二地支来代表二十四个方位，位置的显示就精确得多了。汉唐以后的月令图及民间使用的罗盘，都用它表示方位。

分清左右

先民造字，“近取诸身，远取诸物”，自己的眼（目）、耳、口、鼻、手，当是最早的取材。《说文》云：“手，拳也。”象形，像人的手，五个手指伸出。手分左右，造“ナ”，左手也；造“又”，右手也。左右相对，左右协调，彼此配合，密不可分。

手有左右，表示方位，则指人的左边、右边。中原大地处在北半球，修房造屋取南向，坐北朝南，左手边就是东边，右手边就是西边。中原的地势，河水东流入海，西高东低。《书·尧典》有“东方成龙形，西方成虎形”，因为“东溟积水成渊，蛟龙生之；西岳山峦潜形，虎豹存焉”，这就是“左青龙、右白虎”的来源。

表示方位的左右，也用来表示地位的尊卑。这与西高东低的地形也是吻合的。左，表示地位低下；右，表示地位尊显。

《史记》载，“以相如功大，拜为上卿，位在廉颇之右”，指地位高于廉颇。古人讲“左转”“左迁”就是降职。汉代设左右二丞相，右丞相地位高于左丞相；皇家有西宫东宫，西宫住皇后娘娘，东宫住太子。右方地位高上，左方地位卑下，亲近用“右”，疏远贬损用“左”。《战国策》载，“衍将右韩而左魏”，指帮助韩国、损害魏国。人要谦让，主人就称“东家”“东道主”“作东”，客位就称“西席”“西宾”。

古代哲学讲阴阳，万事万物都归入阴阳学说。人畜属阳，静物属阴。人畜的雄性属阳，雌性属阴。上下、前后、左右、大小、高低……都纳入阴阳，前者为阳，后者为阴。男左女右由此而来。不难理解，男子有阳刚之气，女子有阴柔之美。中医拿脉，男病人诊左手脉，叫气分脉；女病人得取右手血分脉，诊断才有把握。今人结婚照相，还得依男左女右的规矩。

左右相对，就有若干涉及“左右”二字的成语。左右开弓、左右逢源、左右为难、左图右史、左顾右盼、左辅右弼、左提右挈等，都源于人的左手、右手，左边、右边。

东西方政治分左派、右派，给人的印象，左派激进，右派保守。如果过分强调左右的对立，就必然陷入“不是你死就是我活”的“两极论”泥潭。中华文化主张左右协调的“中庸之道”，成语“旁门左道”把“左道”视为邪魔外道。

当今的公共交通规则，车辆行人“靠右”，那是在尊重你啊，就用不着“男左女右”了，你也不必为此左右为难。

海阔天空

古代先民立足于自身，最早认识了天地，所谓“盘古开天辟地”之后才有了人。上天下地、天高地厚、天长地久、天南地北，天与地总是对着说的。待到有了海阔天空的认识，走向四海之外，天大海大，那已经是放眼世界了。我们就说说古人对“海”的认识。

《说文》:“海，天池也，以纳百川者。从水，每声。”许慎将“海”作为专名编次在江、汉、涞之后，他是具体有所指的。《庄子·逍遥游》记北冥的鲲，化为鹏，徙于南冥，“南冥者，天池也”；又，“穷发之北，有冥海者，天池也”。南冥、北冥，庄子所指当为南海、北海。该篇还有“乘云气，御飞龙，而游乎四海之外”，庄子不再拘泥于九州四海，而放眼于四海之外的广阔空间。尽管是想当然，但他的眼光、境界已是与众不同了。

海　金文　篆文

《庄子·秋水》更是一篇妙文，写百川灌河，黄河神河伯欣然自喜，待到了北海，不见水端，深感自身渺小浅薄而惭愧。“天下之水，莫大于海，万川归之。”这就是海纳百川的由来。在《庄子》里，河神海神都是实名制，河神姓冯（píng）名夷，海神名若。这体现出华夏文化的务实本体，虽神话，更人性化。

唐玄宗天宝年间，还诏封海神为王：封东海为广德王，南海为广利王，西海为广润王，北海为广泽王。立春日于莱州祭祀东海王，立夏日于广州祭祀南海王，立秋日于河中祭祀西海王，立冬日于孟州祭祀北海王，彰显古人对大海的顶礼膜拜，实为既崇敬又畏惧的复杂心态。宋元以后，海运发达，沿海渔业兴盛，祭祀海神求保平安已经成为习俗。明代吴承恩的《西游记》写孙悟空大闹龙宫，四海龙王都是有名有姓的，他们有龙子龙孙，也算别有天地。

据传秦始皇为求长生不老，派徐福带童男童女数千人到海外瀛洲采药，出发地在秦皇岛，最后到了扶桑，造就了日本民族。

唐代李白《梦游天姥吟留别》首句是：“海客谈瀛洲，烟涛微茫信难求。”他也感叹海外的虚无缥缈。海外，实在广阔无垠，“海”引申出极大、极多之意。如人海、学海、歌海、曲海、云海、碧海、花海、菊海、麦海、酒海、福海、苦海等，容量极大叫海量、海碗。

俗话说“宰相肚里能撑船”，有海量，心胸宽广，实在是极高的修养。中国人讲忍让宽容，常常说“退一步，海阔天空”，民族精神还是体现在“海”字上。朱厚泽在中宣部任部长时提倡“三宽”——宽容、宽松、宽厚，如同清新的海风吹拂神州大地。作为一个文化人，我当时就有那样的感受。

“海”字的分析也很有意思。有个年轻朋友心情郁闷，向我诉求。我说，测个字吧。他写出名字中的“海”字。我拆白道字：三点水，水长流，时光推移，你们相识时间不短；半边“每”，上是人，下是母，母是女性。与你的女朋友正在闹别扭，心里苦闷，是不是？不要紧，女性为母，你们会走到一起，她会为你生儿育女。——测字先生的把戏，笑料而已。不过，对汉字进行分析，的确重要。小篆的“每”字不是母＋人，而是“从中，母声。草盛上出”，今天的“每”字，已经是楷书了。

拆白道字的还可以说：大海是水的母亲，大海是人类的母亲。母亲宽阔的胸怀如同大海，包容了儿女的是是非非，儿女的所作所为只有母亲能够理解、宽容。大海，体现了博大的母爱。“海阔凭鱼跃，天高任鸟飞。”亿万中华儿女都是在母亲的怀抱里成长壮大，所以我们总是在歌颂大海：

丈夫志四海，万里犹比邻。（魏·曹植）

楼观沧海日，门对浙江潮。（唐·宋之问）

云霞出海曙，梅柳渡江春。（唐·杜审言）

海上生明月，天涯共此时。（唐·张九龄）

春江潮水连海平，海上明月共潮生。（唐·张若虚）

曾经沧海难为水，除却巫山不是云。（唐·元稹）

海外徒闻更九州，他生未卜此生休。（唐·李商隐）

海畔尖山似剑铓，秋来处处割愁肠。（唐·柳宗元）

海上涛头一线来，楼前指顾雪成堆。（宋·苏轼）

海阔山遥，未知何处是潇湘。（宋·柳永）

春去也，飞红万点愁如海。（宋·秦观）

野旷天低树

“野旷天低树”是唐代孟浩然的诗句，写原野宽阔，天地相连，远天似比树低。再接下句“江清月近人”，江水清澈，月映水中，与人亲近，景色就近乎完美了。万事开头难，“野”字得有一说。

野，甲骨文写作[illegible]，从土、林，会意，即“埜”字。土地上长了树木，表示野地、野外、郊野、荒野。金文一林一土，作[illegible]。古文加予为声符，篆文“野”是形声字，本义“野外”就模糊了。造字方法不同，野（形声）与埜（会意）成了不同的字。《诗经·鹿鸣》有“呦呦鹿鸣，食野之苹”，柳宗元《捕蛇者说》有“永州之野产异蛇”，都习惯用了“野”字，最能体现本义的“埜”反而少用了。

与野相对的，是邑。邑是人的聚居地，《国语·齐语》云：

野

甲骨文

金文

篆文

"三十家为邑。"扩大为国都，《说文》云："邑，国也。"也泛指一般城镇。《管子·小匡》云："处农必就田埜，处商必就市井。"田野与市井相对，即野与邑对。城邑之外的房屋称鄙，有边鄙、荒鄙、郊鄙。自称"鄙人"是谦辞，如同说（我这个）"乡巴佬"。诸葛亮《前出师表》"先帝不以臣卑鄙"，自谓"卑鄙"是说自己是地位低下的荒鄙之人。后来，卑鄙的词义转换成贬义，成了骂人的话。因为边远的乡下人，不仅地位低下且见识短浅、不文明、不开化，遭贱视、受嘲讽，进而挨谩骂，词义转移比较自然。其实，我们的父辈先祖无一不是来自郊野的乡下人。

城邑之外的土地称野。"在郊外曰野""四郊之外""郊外都鄙之地"，说明"野"还是一个空泛的概念。《周礼·地官》云："去国百里为郊，郊外谓之野。"郑玄注《周礼》，"地距王城二百里以外至三百里曰野"，似乎很实在了。不过，任何一个字词，其意义有实也有虚，都得落实就很困难，甚至不可能。野的词义多虚而不实，如孔颖达《五经正义》云"野谓鄙野""野是远称""野是广远之处"，大体是可以接受的。无法约束的名利欲望叫野心，还是虚指。

官与民相对，朝与野相对。朝是朝廷，野指民间。野夫指农夫，也指隐士。野语指村野之言。官家修史称正史，私家写史叫野史。野鹤孤云，比喻清高自在之人。郊野渡口称野渡，韦应物诗，“野渡无人舟自横”。男女苟合为野合，《史记》载“叔梁纥与颜氏女野合而生孔子”，孔子为私生子，非婚之子。儒家为孔子讳，解释为不合乎礼仪的婚配。

北方良马非圈养，称野马。《穆天子传》载，“野马走五百里”；《庄子·逍遥游》载，“野马也，尘埃也，生物之以息相吹也”，指田野间蒸腾浮游的云气，如野马奔腾。

地上有州郡邦国，天人合一；天上星区的划分也得与州国相应，这叫分野。

野有贬义，但还不是骂人的话，多指粗俗少礼、不达情理。孔子批评子路：“野哉由也。”《论语·雍也》有“质胜文则野”，过分朴实，未免粗野，指缺少礼仪。

予是野的声符，古音相同，上古在模部，韵母为u。《楚辞·国殇》云“马、鼓、怒、野”是押韵的，同在模部。中古（唐宋），“马、野”分化到“麻”韵。近代，马与野读得又不同了。上古模部，王力叫“鱼”部，拟音为a，屈就了音理。如果把“马、鼓、怒、野”等模部的字都读成a，那就大乱天下了。那是西方一套，万不可从啊！

清代名人周渔璜，家在贵阳青岩镇（今属黔陶乡）。他少小读书的学堂叫“桐埜书屋”，而今已辟为贵阳市的一个文化景点。那个“埜”字还保持了原来的写法，去参观的人好多还不认识呢。

世事哲理

说五行

五行，指水、火、木、金、土五种物质。古代先贤用以说明世上万物的起源及万事万物的彼此关系，这就是五行学说。中国哲学之母是《周易》阐释的阴阳观，诸子百家无不遵从，所以五行学说又称阴阳五行学说。五行说起源于殷商，盛行于汉魏，流传到唐宋，影响及今。它贯穿于整个中国文明史，我们不能不知。

《尚书·洪范》载：“五行：一曰水，二曰火，三曰木，四曰金，五曰土。”又说，水润湿向下，火燃烧向上，木可曲可直，金顺人意变形，土可种植百谷。又说，水润下生咸味，火炎上生苦味，曲直的木生酸味，从人而变的金生辣味，从土里收获的百谷生甜味。——五行生五味已是明明白白。到了《春秋左氏传》更有发挥：气为五味，杜预注为酸、咸、辛、苦、甘；发为五色，杜预注为青、黄、赤、白、黑；章为五声，杜预注为宫、商、角、徵、羽；还有五牲，指牛、羊、豕、犬、鸡；社稷五祀，指“木正曰句芒，火正曰祝融，金正曰蓐收，水正曰玄冥，土正曰后土”。正即官，五正即五官。

远古社会是一个蒙昧时代，面对各种无法解释的自然现象，民众都视之为“神”意，认为是上天的旨意。预卜吉凶祸福的星占神学就这样迅速发展，控制了整个思想领域。历代编写的《天文志》充斥大量的星占学内容，就不足为怪。“天有五星，地有五行”，天人合一。星占的依据就是阴阳五行说。汉代大学问家董仲舒、刘向、刘歆都以五行说治学。汉武帝独尊儒术，开始了以阴阳五行说解释儒家经典，从此五行说无孔不入，弥漫整个思想界、学术界。医卜星相，无不以之为原则。中医中药，辨证施治，讲的就是相生相克。高明的中医师应该就是五行说大师。预测吉凶的星相学，讲的也是相生相克，它把人的出生年月日时干支八个字纳入五行，再以生克之理说祸福，道理也很简明。它有完整的理论体系，所以能够“辨证施治”，也能把人的吉凶祸福说得头头是道。

在五行的框架内，什么都得归入五行，连四季、四方、四相，也牵合为五时、五方、五兽，以顺应五行之说。世间万物五花八门，千差万别，各有特性、形态、功能，取其与五行中某一行相类似，就把它归入那一行中。这样按类做系统的归纳，万事万物就理出了头绪，分成了五大类，它们之间的关系不外就是相生相克而已。

五行相生规律：木生火，火生土，土生金，金生水，水生木，木又生火……

五行相克规律：木克土，土克水，水克火，火克金，金克木，木又克土……

不难明白，生有助长、促进之义，克有制约、克制之义。相生相克，绵绵不绝，反映了万事万物的运动与生发。可以说，阴阳五行学说对世间各种自然现象做出了最简练的概括和说明，它是来自先民对周边事物的长期观察，并加以分析归纳的结果。它是朴素的，没有唯心成分。这也是中华元文化的特点。

求真务实

在一个从政的朋友家里做客，看到他书桌上的玻璃板下有一幅显眼的横幅，工整的楷书写着：求真务实。就此，对这个“实”字生出几多感慨。

我们的祖先十分赞赏这个“实”字，实心实意、实实在在、老老实实、脚踏实地，都是美好的词语。这是祖先在教我们怎样做人，要我们做一个实实在在的人、脚踏实地的人。实实在在，自然成了中华民族的传统美德。谁违背“实实在在”这个传统美德，小则自讨苦吃，大则祸国殃民。这都是我们这一代人亲身经历过的，所以对“求真务实”便有特别的体验、特殊的感情。

《说文》收“實”字在“宀部”，从宀从贯。贯，货贝也。家有货贝，意思是“富”。“實”字列在“富”字后。有富有、

实　金文　篆文

殷实之义。财货充实，必然富有。引申义，指做人实在，靠得住。

实的反面是虚，虚实相对，组成一对哲理概念。这当然来源于天地，天虚地实。由天地之道产生阴阳之理，虚实可以理解为是阴阳观念的具体化。阴阳很理性，而虚实则无处不在，最易感知。“眼见为实，耳听为虚”已是口头禅了。门上贴对联，格律诗讲究对仗，也不过就是一句实、一句虚罢了。写文章也一样，不仅写实，还得写出感受。尽是写实，缺乏理性，就没有深度；尽是感受，显得空泛，也不着边际。可见，虚实协调多么重要。这是做文章的基本常识，不存在什么写作秘诀。大道理都很浅近，重要的是你得老老实实地去写，体味其中的苦乐。

孔子的得意门生颜回“不幸短命死矣”，孔子感叹颜回“秀而不实”，吐穗开花却没有结出果实。这是从财货充实引申出来的果子、果实。《论语》记载，曾子称赞他的同学颜回，“有若无，实若虚”。作为一个读书人，当然指的是知识、学问的有无、虚实。本来很有知识和学问，他却像一无所知一样。

形式与内容，是客观存在的一对矛盾概念，不同时期往往表述不同罢了。《论语》使用“文、质”二字，所谓“文质彬彬然后君子”。战国时期的《孟子》使用的是“名、实”二字，所谓“先名实者为人，后名实者自为”。先名实，看重名实；后名实，轻视名实。名，指名声、名誉，是形式；实，指事功、成就，是实质。又有“仁之实，事亲是也；义之实，从兄是也”。还有“智之实”“礼之实”“乐之实”，所指就是仁、义、智、礼、乐的主要内容。孟子说过，“言无实，不祥”。说话没有内容，说些空洞的话，那就很不好。孟子以为：“恭敬而无实，君子不可虚拘。”徒有恭敬的形式，没有恭敬的实质，君子不可给予肯定。

《诗经·大雅·生民》有这样一章：“诞后稷之穑，有相之道。茀厥丰草，种之黄茂。实方实苞，实种实褎，实发实秀，实坚实好，实颖实栗，即有邰家室。”前四句，讲后稷会种庄稼，他选择耕地，拔去杂草，播下种子。接着五句写庄稼的长势，连用了十个“实”字。这个“实”字，乃“是”的借字，相当于“这样”。实方实苞，这样发芽（方），这样含苞（苞）。然后由矮（种）到高（褎），发芽（发）、扬花（秀）、坚挺（坚）、肥壮（好）、垂穗（颖）、饱实（栗）。最后一句是说，粮食收回有邰的家里。中间五句详细写出了庄稼成长的全过程，是一首写实的农事诗，难得难得！

先秦典籍的“是”“寔”“实”，同音可通。段玉裁说：“寔与是，音义皆同。”又，“古多以实为寔”。《左传·僖公五年》

有“鬼神非人实亲，惟德是依”，鬼神非亲近人，惟依据德。其中的“实”“是”都是宾语提前的标志，是结构助词，用“实”用“是”一个样。这是读古书应该明白的。

从政的朋友把“求真务实”作为座右铭，是决心将这一传统美德身体力行，这让我们看到了官场的一片净土，带给我们的是无限的希望。当官的都能做到少说空话、多做实事，对中国的老百姓来说，实在是一大幸事。

大与小

事物的大小，是人类对外物的基本认识，汉字自然就少不得它。大与小，是一个相比较的、抽象的概念，无形可象，得用寓意、会意的方法造字。

大，本是人的正面站立之像，“人”已用来指人，“大”字就用来显示人的本能之大。“天”在人（大）之上，故“天大地大人亦大”。顶天立地，造字之初，人对自身还是相当自信的。所以，《三字幼仪》开篇就说“天生物，人最灵”，“大”字就是对“人”的最好诠释。

大小是相对的，有大必有小。什么是“小”？怎么“小”法？还是受外物的启发，身边之物，完完整整，说不上大小，若一旦分剖，当然就小了。小，从八、丨，指从中分剖的结果。八，别也，象分别之形。分，从八从刀，指用刀分物的行为。

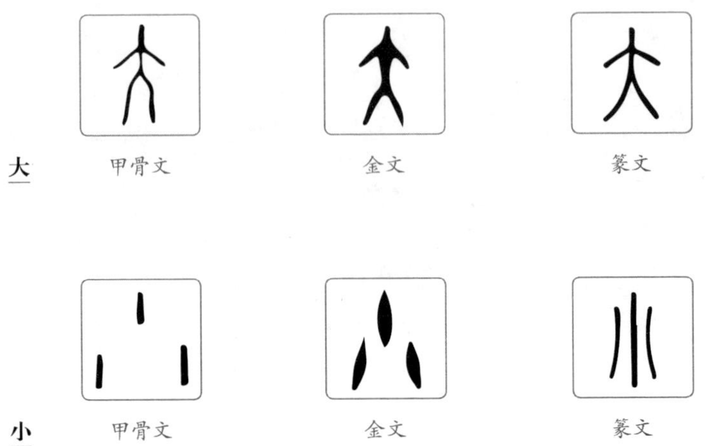

凡物，经此一分，势必微小。所以，“小，物之微也”。

20 世纪初，物理学家爱因斯坦创立了相对论。随后，这一理论得到广泛的应用，受到全人类的推崇。而中国人对相对论的认识，可以追溯到公元前 3 世纪的庄子。他在《秋水》篇中阐述道：“吾在天地之间，犹小石小木之在大山也，方存乎见少，又奚以自多！计四海之在天地之间也，不似礨空之在大泽乎？计中国之在海内，不似稊米之在大仓乎？”《秋水》的主题就在说明大与小是相对的，是无穷的。不能认为天地就大，毫末就小。天地未必是至大之域，毫末未必是至细之度。他看到了，人的认识在任何时候都不免带有局限性、片面性。懂得这一点，任何人就没有骄傲自满的理由了。这就是庄子两千多年前给我们中国人的启迪。

正因为在人的认知里，大与小是相对的，往往我们说“大”，其实是指小；我们说“小”，又是在指大。枚乘《上书谏吴王》有“养由基，楚之善射者也。去杨叶百步，百发百中。杨叶之大，加百中焉，可谓善射矣”。这是指杨叶那么“小”。或者说，杨叶那么大一小点儿，强调的还是“小”。又，《论语·先进》有“宗庙之事，如会同，端章甫，愿为小相焉”。公西华的所谓“小相”，在孔子看来：“宗庙会同，非诸侯而何？”那是给诸侯做“大相”，无“小”可言。

日常生活中，常常听说“他就那么大一个”，看似普通的一句话，离开了具体的语言环境，是大是小，真的要揣摩揣摩。同样受伤，甚至一样的伤，发生在粗壮的汉子身上，不值一提，很“轻”了；要是伤在娇弱的女孩子身上，也许就显得很“重”。

看来，大小也好，轻重也好，往往因人而异，因地而异，因时而异，因事而异。当我们面对若干表达相对概念的词语，比如贫富、长短、高低、冷热、快慢……在具体使用或者理解的时候，还得要好好把握它们的分寸。

易与『周易』

易学是中华文化之源，中华文化五千年，易学就伴随她走过五千年。易学永远是中国人的热门话题。易道广大，无所不包。德国哲学家黑格尔说："它包含着中国人的智慧。"作为一个中国人的确有必要认识它。

什么是易？什么是周易？名称得先弄清楚。

自古及今，对易学之"易"就有不同的解释。许慎引《秘书》说"日月为易，象阴阳也"。就是说，易字从日从月，日月象征阴阳，易学就是讲阴阳的。也可以说，易字从日月，日月运行在天，易学是研究日月运行及应运而生的各种气化活动的一门学问。中医的五运六气学说，就本易学而来。五运，指木、火、土、金、水五行的运行；六气，指风、热、湿、火、燥、寒。中医师以易学作为他的理论渊薮，这就是俗话说的"医易相通"。

易 甲骨文 金文 篆文

许慎在《说文》中立“易部”，“易，蜥易、蝘蜓，守宫也。象形”。段玉裁更说，“上象长，下象四足”。许氏并不认可易字从日从月，他认为是蜥蜴的象形。蜥蜴俗名叫壁虎蛇、四脚蛇。郭沫若根据甲骨文、金文研究，“看出‘易’字是益字的简化”。分析甲骨文“易”字之形，有两手（下）、酒壶（上右）、酒杯（上左），是以双手将酒壶之酒倒入杯中，象意，义为增益，就是添酒。甲骨文中用作增益、增加，是常见的；简化，省去酒杯，表示两手倒酒；再简化，省去两手，酒壶取其线条，甲骨文易字作，三斜线表示倒出的酒，曲线表示酒壶之腹，半圈表示酒壶的提梁。小篆作。劝客人饮酒会不断地主动给予（添酒），易就有赐予义。添酒—赐酒—赐物，自然引申。赐予了别人，就改变了赐物的所有权，易就有改变义。甲骨文“易日”就是变天的意思。易学之易，也是讲变。“生生之谓易”“阴阳转易，以成化生”，取变化之义。

《说文》为什么说是蜥蜴？有一种蜥蜴为保护自己，善于改变皮肤的颜色，借称变色龙。蜴字从易，正是取其变化义。甲骨文、金文的易，一再简化，逐步简化得象蜥蜴之形，许慎未见繁体的甲骨文，便以“蜥易”解说。当然，易字的本义不是四脚蛇。

再说“周易”吧。

有人说，“周易”就是周代的易，因为文王演易，周公旦完善之。《易经》确实创制于周，周代之《易经》也容易为人接受。

“周”有周匝义，即绕圈子，周而复始。“周易”就是讲无始无终的循环往复变化，这是战国时期阴阳五行学说的观点。

“周”的另一个意思是《说文》讲的“密也”，周密、周到、普遍都是这个意思。周易就是万物皆变，这就比较符合易学的本质。

周易又称易学，是研究万物变化的一门学问。易学经历三个阶段（卦画、经文、易传）才逐步完善。

易卦是符号，用符号表达华夏先民对万事万物的理解。在文字产生之前，卦画是表达人的思维的主要方式。卦画仅仅是人的认识的象征，这种象征性符号系统可以包罗万象，它是先民智慧的结晶。华夏先民仰观于天，俯察于地，于是画出八卦，所谓“伏羲画八卦”是也。

卦画有象征性，也就有神秘性，并不是大家都能读懂的。经历漫长的岁月，才出现文字的解说。这就是易学的经文，称《易经》。《易经》是解说易卦的，毛附于皮，彼此就不能脱离。我们今天说“易经”包括了卦画与文字，因为单独的经文是不能成立的。应该明白，经文的作者是以自己对易卦的理解写出来的，仅是一家之言吧。当然就有局限性，未必完全符合卦画的象征意义。所以易学才有发展，才会出现以后的若干一家之言。经文的作者一定经历了种种磨难，对自然之理、人生之道大彻大悟，才能对卦画的内涵做出如此高深的理解。这就是周文王“演八卦”。后人的解说没有谁能超过他，文王的经文就堂而皇之稳坐在易学的殿堂，并受到后学者的顶礼膜拜。

到了春秋后期，崇尚文王、周公的孔子，继承了周公“制礼作乐”创制的周文化，创立儒家学说。孔子传道、办私学，给学生教授《易经》，整理出来就是我们看到的《易传》，又称《易大传》《周易大传》。“传”是解说《易经》的，因为经文难懂。《易传》分十篇，又称“十翼”。我们说“易经”，是不包括“易传”的。不过，《易传》是易学中很重要的一个部分。要读懂《易经》还得以《易传》做阶梯，“以传通经”是也。

通常讲易经，包括卦画与经文；易学或周易，是包括易传的。

易卦体现的是中华元文化，解释卦画的《易经》是唯一一部被儒家、道家共同尊奉的哲理著作，也是唯一一部对自然科学和人文科学都产生过重大影响的典籍。

道家与道

中国的学术流派有三教九流之说，最能体现中华传统文化的是儒家、道家。儒家学说即孔孟之道，大家都熟悉，我们这里就说说“道家与道”。

先说“道”字。《说文》：“道，所行道也。从辵（chuò）从首。”许慎以为是“人行走的道路”，会意。朱骏声说，从辵首声，是个形声字。因为“首”中古音在“审”母，上古音在“透”母。“道”在“定”母。端、透、定、泥是舌头音，道、首可通，道字以首为声符，朱骏声是对的。“道”字不是会意字。

人行走的道路是“行”字，甲骨文写作[illegible]，“象四达之衢，人之所行也”。甲骨文未见“道”字，金文“道”（[illegible]）字从行从首，会意，为首者带领众人行走，表示引导，是“导”的古字。《周易·系辞》有“道（导）济天下”，《离骚》有“来吾道（导）

道　甲骨文

金文

篆文

夫先路”。

道字从行，引申为道路就很自然。这就是《说文》“所行道也”，引申为抽象的路，即途径。由途径引申为正当的手段，《论语》有“不以其道得之，不处也”。再引申为道理、规律，《庄子》有“所好者道也”。由道理引申为学说、思想，《论语》有“吾道一以贯之”。道理是可说的，引申为言说，《诗经》有“不可道也”，《论语》有“乐道人之善”。

道家指老庄之学，最早叫“道德家”，本于老子的《道德经》。班固《汉书》将老庄之学列为“九流”之一，称道家。《道德经》是讲哲理的经典。老子的道，指天地自然之道。道生天地之先，乃天地之始。“道生一，一生二，二生三，三生万物”，解释天地万物怎么来的。道生一，道即是一，一是混一的元气。一生二，二就是天地。轻清之气上浮为天，重浊之气下凝为地。道是繁衍宇宙与天地的根。道家主张顺应自然，提倡无为而治。道家与儒家构成中华文化消极与积极的两面，互为补充。道家的形而上，儒家的实用性，都很显著。他们共同尊奉讲阴阳的《周易》为经典。儒家讲如何做人；道家讲哲理，讲天地自然之理。西方哲学十分推崇老庄，视老庄之学为中国古典哲学，很有见地。

道家不是道学。道学指宋代儒家的哲学思想，也称“理学”。理学承继了孔孟“道统”，宣扬“性命义理”，以周敦颐、二程（程颢、程颐）、朱熹为代表。

道家不是道教。东汉人张道陵得了老子的《道德经》，广为传播，建立道教，奉老子为教主，尊称为“太上老君”；教徒尊张道陵为“天师”。这是中国本土唯一的固有宗教。道教在元代分为正一、全真两大教派，信奉全真派的道士须出家。道教的庙宇叫“观”（去声）、“宫”，玄妙观、普济观、三清宫、青羊宫之类。这样，老子不仅是圣人、哲人，也成了神人。

读刘坤生《老子解读》，他说：李白有《山中问答》，以诗歌概括和浓缩了老子思想。诗云：“问余何意栖碧山，笑而不答心自闲。桃花流水窅然去，别有天地非人间。”笑而不答者，默而不言，“道可道，非常道”也；心自闲者，心灵虚静，不受物欲之牵扰也；桃花流水窅然去者，天地之无为也；别有天地者，是心与物通，物我无隔，已无染于俗世之功名利害也。

政通人和

太平盛世，社会秩序稳定，人民安居乐业，我们就用“政通人和”来描述，喜庆节日时作为横批贴在门楣上，左右再配上对联，以此表达人民大众对现实社会的肯定。“通”字在社会上广泛使用，这里就说说“通”字。

《说文》：“通，达也。从辵甬声。”通是个形声字。通、达双声，可以通用。《尚书·禹贡》“达于河”，今文《尚书》作“通于河”。四川东北有个达县，也叫通州、通川，还叫达州、达川。成语通情达理、通权达变，通与达都是同义词。按《说文》训“达，行不相遇也”，与“通”义相反，而经传中又往往同训，看似不好理解，这恰恰是汉字字义的奥妙。正义反说，反义正说。乱可训治，徂（往）可训存，内（进入）可训纳（接纳），哀可训爱，落可训始，贡可训赐……汉语的表达，十分重

通 甲骨文 金文 篆文

视语言环境，脱离那个环境，往往就有不同的理解。男女欢愉，女人会说“你个坏蛋”“你个刀杀的”“你个砍脑壳的”，其实是对男方的爱称。通、达同义而有差别。通多指通往、通向，达多指到达、达到。通指接触面广，达指心胸宽阔。

再看通字的声符“甬”。《说文》云：“草木花甬甬然也。”草木的花朵不断地长出来。宋代研治《说文》的徐锴说：“甬之言涌也，若水涌出也。”段玉裁说：“凡从甬之字皆兴起之意。”这样说，声符也就兼有意义了。通、勇、涌、蛹、俑、踊、恿、悀、痛、桶、捅、诵等字都以“甬”为声符，这些字与“兴起之意”有关。段的说法不够明晰，“甬”声符的字，皆有宽义、大义。

通的左偏旁是“辵”，所谓“走之”，与人的行走有关。只有起步走，才能通、通到。引申为往来交好，“交通王侯”即与王侯交往。男女之交，正当的是通婚，不正当的是私通。四通八达，往来无阻叫通，是形容词，通畅、通顺，通都大邑、南北通衢。通与穷相对，《庄子》有“古之得道者，穷亦乐，通亦乐”。这是比喻，不得志为穷，得志为通。“通学”“通人”“通儒”“通才”指学识渊博，知识四通八达。“通”做动词用，是通晓，被广泛使用，如精通、粗通、万事通、中国通。共同的也是通，《孟子·滕文公》有“天下之通义也”。通病、通例、通常、通称、通则中，通也是共同之义。由共同义引申为全、整体，《孟子·离娄》有“弈秋，通国之善弈者也”；词语有通盘、通夜、通宵、通共、通观、通力、通身、通体。通事指译员，通途乃大道，浅显易懂为通俗，本事极大可通天，通达事理为通窍，变通办法叫通融，告知机密为通风报信，分工合作叫通功易事。

记得有一则医药广告词为：通则不痛，痛则不通。中医治病强调气血通达，针灸按摩目的是疏通经络。心理障碍是思想不通，身体病痛是气血不通。人要身心健康，就得遇事豁达，看得开，想得通；还得懂点中医常识，随时保持气血通畅。

该记得这样的诗句吧：一桥飞架南北，天堑变通途。还记得电影《红高粱》的插曲《妹妹你大胆地往前走》的歌词吧：妹妹你大胆地往前走，通天的大路九千九百九。其中“通”字的作用都得以凸显。

小时候看川戏，小丑上场舞动几下，吼道：“十八般武艺样样懂，就是门门不精通！”这给我留下深刻的印象，让我明白，学技艺也好，做学问也好，门门不通就十分浅薄了。你要有所成就，就真的要在“通”字上下功夫。

说一不二

成语有“说一不二”，指说话算数，说一就是一，不是二；又有“不二法门”，这是佛教用语，指独一无二的入道门径。“不二”还是一啊！

一，笔画最少的汉字，又是意义最丰富的汉字。一，可以说是一个刻画符号，有了刻画才有文字，这是汉字起于刻画说。在六书中，一是指事字，所指此物、此事。一，也象征一个平面，一之上加指事的“-”是“上”字，一之下加指事的“-”是“下”字。

数起于一，一、二、三、四、五，表示记数；也可表序数，如第一、第二、第三。“一月”指一个月，也可指“第一月”，具体所指，离不开语言环境。这是汉字使用的特点。

先民记日，以手上十指来记，一日、一日、一日数到十日，

一

又回头，一日、一日、一日……以十进位，便有“天有十日”说。把十日误解为十个太阳，十日并出，便有“羿射九日”的传说。一日的“日”与太阳的“日”当然是两回事，说明先民的认识在不断前进中。

数起于一，反过来，“推十合一”，指以简驭繁，从众多（十）事物中找出规律（一）来。这是人的认识的最大飞跃。这个“一”，十分简明，但它包罗诸多事物的内在本质。这就是我们常说的“万事万物，本同一理”中的那个“一”。

一是最小的，也是最大的。如同说，水最柔弱也最刚毅，水滴石穿，还不刚毅吗！先民造字，从一必大，一就有大义。翻开《说文》第一个字就是一。许慎说：“唯初太始，道立于一，造分天地，化成万物。”这就是老子《道德经》上说的“道生一,一生二,二生三,三生万物”的这个“一”，是一个无所不包的原始“太一”，它无穷之大，天地都是它生成出来的。

元，始也，从一从兀。《九家易》注：“元者，气之始也。”还是那个生成天地的“太一”的元气。道家哲学认为，天地之前，只有混一的元气，就是那个太极图的外圆圈。元气中含有阴阳二气，就是圆圈内那个阴阳鱼。混沌初开，清气上浮为天，浊气下沉为地，这就是“一生二”。元气生成了天地，元字“从一”就好理解了。

天字，从一、大。大是人的正面立形，人之上那个“一”，当然大，天就大得不得了。

丕，大也，从一不声。“丕”为什么“大”？因为“从一”。古代文献，丕释为大。

吏，治人者也，从一从史，史亦声。徐锴曰：“吏之治人，心主于一。”那是说，当官的治理百姓，其心应当宽厚博大。“心主于一”，一还是大。

《说文》首创部首，共540部。第一部就是“一部”，有5个字。最后一部是“亥”部，所以《说文》是“始一终亥”。

“一”字的普遍使用，生出许多妙文妙对。

一位华人在巴黎开了个“汉家饭店”，匾上嵌名“一心在汉，四海为家”，可见其心境。

“钱有两戈，伤尽古今人品；穷则一穴，埋没多少英雄。”这是涉及钱财的对联。

“一丝不挂而来，两袖清风回去。”这是赞扬洁士的挽联。

“千点泪流千点血，一声哭罢一声天。”这是痛失亲人的挽联。

清代文人周渔璜有招亲对联：桃李花开，一树胭脂一树粉；柑橘果熟，满枝翡翠满枝金。周渔璜的“桐野书屋”在贵阳花溪黔陶乡，是贵阳市的一个旅游景点。

清人纪晓岚作有含十个“一”字的绝句，诗云：“一蓑一笠一渔舟，一个渔翁一钓钩。一拍一呼还一笑，一人独占一江秋。”《芥子园画传》专为此诗配图，表达诗的意境。

说三道四

议论别人的好坏是非，叫说长道短，也就是说三道四。这里真的是要说汉字里的三与四。“四”的意义明确，四方（东南西北）、四季（春夏秋冬）、四声（平上去入）、四库（经史子集），没什么含糊。这里主要是说说“三”。

三，从数的角度，就是 2+1 所得。由于被广泛使用，“三”的含义也就十分丰富，“四”是远不能与之相比的。

古代文献，涉及“三”的很多。五帝三王，三王指夏、商、周三代的开国君王夏禹、商汤、周文王（亦含武王）。天子之下有三公，周代指司马、司徒、司空，或指太师、太傅、太保；西汉以丞相、太尉、御史大夫为三公。古人重祭祀，祭礼多用三：三牲、三跪、三献、三炷香、三鞠躬、三年丧。中华文化有三教：儒、道、释。文献有三玄，指《老子》《庄子》《周易》

三部哲理著作。易学有三易:《连山》《归藏》《周易》。儒家经典有“三礼”“三传”，三礼指《仪礼》《周礼》《礼记》三书，三传指解释《春秋》的《左传》《公羊传》《谷梁传》。佛学讲三衣、三性、三乘、三多、三界、三世（三生）、三昧、三藏、三皈依。老子讲“三生万物”，道教的最高神叫“三清”。传统文化重视天地人，谓之“三才”；日月星，谓之“三光”。三星指福、禄、寿，三友指松、竹、梅，三族指父族、母族、妻族。天文有三垣（太微垣、紫微垣、天市垣），时令有三春、三夏、三秋、三冬、三伏、三九、三余；三元指正月十五上元、七月十五中元、十月十五下元。史书有三通，指《通典》《通志》《文献通考》。杜甫有名作“三吏三别”，文人世家有三班（班彪、班固、班昭）、三曹（曹操、曹丕、曹植）、三苏（苏洵、苏轼、苏辙），诗、书、画卓越叫三绝。地名有三吴、三巴、三秦、三齐、三晋、三楚、三湘、三河、三江、三川、三关，中医中药有三七、三棱、三阴、三阳、三焦、三消、三因，军事有三军、三防、三行，法律有三刺、三宥、三赦，伦理有三纲，殷有三仁（指微子、箕子、比干）。《三国演义》有桃园三结义，《水浒传》有阮氏三雄。数学有三角，空间有三维……

儒家经典《论语》中，孔子讲修身，喜欢用“三”。孔子曰：益者三友，损者三友；益者三乐，损者三乐；君子有三戒，君子有三畏，君子有三忧，民有三疾。读读《论语》，你会有更多的感受。

涉及数目，往往不能确指，我们就用“三”，表示多数、多次。《论语》“吾日三省吾身”“季文子三思而后行”“三人行必有我师焉”，大禹治水“三过其门而不入”，成语三令五申、三番五次、三缄其口、三复斯言、三推六问、狡兔三窟。一般多，就用三。很多很多，大数，就用九，九是阳数之极。三三得九，所以三九连用有三跪九叩、三教九流、三部九候（中医）等。

很多人没有注意到，“三”也用来表示少数。如三言两语、三句话不离本行、士别三日当刮目相看、楚虽三户亡秦必楚。

三的大写是叁，古代文献不用叁而写作参。《汉书》有“参夷之诛”，倒语，夷参，夷三族。参伍，指交错。《周易·系辞上》：“参伍以变，错综其数。”这“三五”，都以“参伍”出现，沿用至今。梁启超《论毅力》有“或顺或逆，常相参伍”可证。《左传》有“大都不过参国之一”，参（三）国之一，国都的三分之一。不用“三”，更不用“叁”。大写的“叁”，应该是“参”的变体。

说七说八

涉及七与八的成语有好几个：七颠八倒、七零八落、七拼八凑、七上八下、七手八脚、七嘴八舌、横七竖八、乱七八糟。它们怎么凑到一块儿的？有必要说一说。

先说七。作为数的“七”，可追溯到七千年前，那是一个“十”形符号，表示东、西、南、北、上、中、下七个方位，甲骨文还是写作十。战国时，这个符号让位给“八九十”的十，改竖画为曲画，写作[illegible]。七，包含各个方面，就有“满”的意思。古语中，大量带“七”的词，往往并不确指，也是满、包罗各方面的意思。《周易·复卦》“反复其道，七日来复”，七是满数，也是道循环的周期数。《圣经》说，上帝造人、造物，用了六天，第七天休息，那是神话。比较而言，华夏文化就显得朴实，少有虚妄。“近取诸身，远取诸物”，仰观俯察，实实

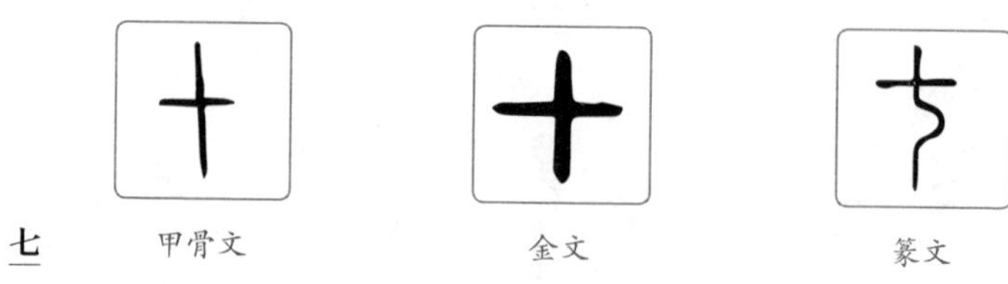

在在。

佛家寻求生缘，以七日为一期，七日终不得，再续七日，至七个七日终，必生一处。在此期间祭奠、超度，已形成习俗，所谓“七七”，影响至大。

汉赋有“七体”，起于枚乘《七发》，后人仿效，张衡有《七辩》、曹植有《七启》、王粲有《七释》、左思有《七讽》……遂成风气。《昭明文选》专列“七”为一门。

七有满、完满的意思，不妨说七声、七情、七窍、七族、七庙、七出、七经、七略之类，是有意凑成的，显示完满而已。

再说“八”。《说文》：“八，别也。象分别相背之形。”分，从八从刀，刀以分别物也。这是在解说本义。韩非子说：“背私为公。”公是平分，大家有份；“自营为厶”，厶为己有。“八犹背也”，八就象背上两块胛骨之形，似乎更确切。八借用作数字，应用广泛，本义“背”反而少用甚至不用了。

数分奇偶，1、3、5、7、9 为奇为阳，2、4、6、8、10 为偶为阴。1、2、3、4 为生数，6、7、8、9 为成数。成数都由生数而来。以 5 为枢纽，为中心，“五居中央统四方”。1+5 得

金文　　篆文

6，2+5得7，3+5得8，4+5得9。这就有“天一生水，地六成之”“地二生火，天七成之”等生与成的讲法。天地生成，阴阳相配。3与4配，7与8配，协和阴阳。所以涉及3与4的成语，涉及7与8的成语就相当多。如三反四复、不三不四、推三阻四、朝三暮四、低三下四、丢三落四、张三李四、说三道四。1与2，5与6，9与10，也有阴阳之分，但没有协和之意。一，是小数，也是大数。“道生一,一生二。”二指天地，这个无所不包的“一”，自然不能与“二”相协。5居中央统四方，与6也不相协。9是阳数之极，10已算进位，彼此不协。

八有分别、分离之义，就有“七不出门、八不归家”一说。逢七的日子出门不吉利，逢八是分离的日子，归家不吉利。八与发，古音相同。发作声符的字有拨、钹、泼，读音近八，有的方言至今还读得一样。所以“要得发，不离八”，八就有发达、发财的吉祥义。逢8的数字就吉利生财。这样，八就有不吉利的背离与吉利的发财两个相反的词义了。这就是相反相成，一个字有正反两方面的意思。正反同辞，体现了汉字的微妙。

数『九』

九，是数字，数字是显示万事万物质与量的最简明的标记。数字伴随人类，数字无处不在。人有十指，数字就从一到十，以十进位。华夏先民最早认识天地，懂得阴阳。《周易》的阳爻称九，在最下称初九，最上称上九，其余称九二、九三、九四、九五。《周易》上说，极阳的“九”含有吉祥之义。从古至今，“九”就渗透到华夏民族生活的方方面面。地域上有“禹贡九州”，指冀州、兖州、青州、徐州、扬州、荆州、豫州、梁州、雍州。夏禹铸九鼎，夏、商、周三代奉之为传国之宝。先秦学术分“九流”，即儒家、道家、阴阳家、法家、名家、墨家、纵横家、杂家、农家，见《汉书·艺文志》。君子九思，亲则九族。文学作品有《九隐》《九歌》《九章》《儿辩》《儿怀》《儿叹》《九张机》。乐曲有《九渊》《九韶》，乐章分九成、九阕，中医讲九

九　甲骨文　金文　篆文

针、九窍，礼制有九锡、九庙，职官分九卿、九品，天叫九重、九霄，地狱有二九一十八层，异兽有九头鸟、九尾龟、九尾狐，山有九嶷山、九华山、九宫山，星宿有九斗、九游，地上有九服、九塞，水流有九河、九川、九江，典籍有九丘、九经、九通，乘法口诀叫九九，除法口诀叫九归，四季叫九春、九夏、九秋、九冬。数不胜数啊！

九数吉祥，古代建筑自然多用“九”。北京最早是九个城门；天安门城楼是九楹重楼；故宫四个角楼是九梁十八柱；皇家大门钉数是纵九横九；北海、故宫都有九龙壁。

九数吉祥，过九或不及九数的也要称九。九，只是言其多，多数、多次，那就是泛指的九了。《论语》载：“桓公九合诸侯，不以兵车，管仲之力也。”其实，齐桓公会盟诸侯有十一次，此言“九”，非实指。又，九牛一毛、一日九回肠、九九长寿、九死一生、九霄云外等的“九”都是泛指。

华夏先民十分看重时令，因为它直接关乎农事，与人的生活密切相关。这就导致了二十四节气的产生。二十四节气中，二至（冬至、夏至）、二分（春分、秋分）最为重要。它准确描绘了自转的地球与太阳的相对关系。中原处北半球，冬至的太阳光直射南回归线，中原最冷；夏至相反，中原最热。这就有了表述冷热的数九歌，也叫九九歌。九九歌在民间流传："一九二九不出手（天气冷了），三九四九河上走（河水结冰），五九六九沿河看柳（柳树发芽），七九河开（江河解冻），八九雁来，九九耕牛遍地走。"数九从冬至开始，八十天后艳阳高照，的确是"九九艳阳天"。冬有九九，夏亦有九九。宋代周遵道的《豹隐记谈》载有夏至九九歌，这里介绍湖北老河口市禹王庙正厅大梁上的九九歌："夏至入头九，羽扇握在手；二九一十八，脱冠着罗纱；三九二十七，出门汗欲滴；四九三十六，卷席露天宿；五九四十五，炎秋似老虎；六九五十四，乘凉进庙祠；七九六十三，床头摸被单；八九七十二，于夜寻棉被儿；九九八十一，开柜拿棉衣。"气候转变过程，一目了然。

孔子活了七十三，孟子活了八十四，都算高寿。唐朝人说，"人生七十古来稀"。今天，国泰民安，日子越过越好，长寿的人越来越多，人活八十、九十也不稀奇。米寿，指八十八；白寿，指九十九；"相期以茶"，那就是一百零八岁了。拆开"米"字，就是八十八；"百"字，一百岁少一，就是"白"，白寿也就是九十九了。拆茶字，上二十，下八十，最后一个八，一百零八。不说茶寿，祝愿你活到九十九，实实在在的九九长寿吧！

你死我活

《元曲选》收了一支曲子叫《度柳翠》，唱道：“世俗人没来由，争长竞短，你死我活。”这当然是劝诫世人不要争长论短，更不要势不两立，争斗得不是你死就是我活。细细一想，这支曲子的确体现了中华传统文化，也与当今倡导的和谐社会相吻合。

不妨看看汉字里的“死”“活”二字。

死的甲骨文为，一边是一个垂头的人，另一边是一个残骨尸首，表达亲人向死者致哀。楷书的死，由歹加匕组成。好歹相反，歹就是不好，人死了当然不好。匕是倒人之形，示意人死。汉字的意象就是这么明白。

活的本义是指“水流声”，甲骨文中左旁是水字，右旁是𠯑，与聒、括、适、蛞、栝同声符，与舌头无关；隶变后才写成“舌”。《诗经·硕人》中“河水洋洋，北流活活”（黄河之水如

活　篆文

死　甲骨文　金文　篆文

汪洋，向北流得哗哗响）中使用的正是活的本义。引申义，不死为活。《诗经·击鼓》有“不我活兮”就是死活的活。

与死相对的，古语更多用“生”字，如起死回生、贪生怕死。《孟子·尽心上》有“民非水火不生活”，又有“生鹅”，生与活是同义词。《孟子·梁惠王上》有“使民养生丧死无憾”，生、死对举，都指人。生字，下面一横表示地面，其上像小草破土而出。甲骨文、金文、小篆都保持了原貌，楷书左上成了一撇。草木生长是“生”的本义，生育是它的引申义。生存、生命、一生、生长、生产等是经常使用的词语，用得普遍，一切事物的产生都可称为“生”。新鲜的、充满活力的也叫“生”：生机勃勃、生龙活虎、生动活泼、生意盎然。

回到文章的开头，“你死我活”并不能表达人的本性，它是一种扭曲了的非正常人的变态。人类是群居动物，应相依为命、彼此关爱。你死我活，在哲理上属于对立的两极论，突出了排他性。中华民族强调包容，儒家讲“中庸之道”，调和共生。只有这样，人生在世，才能感到人世间的美好，生活才有意义。试想，如果生于你死我活的乱世，朝不保夕，时时处于恐惧之中，又有什么活法？看到一些报道，战乱国家的孩子，十多岁就得舞枪弄炮，真让人辛酸落泪。回顾中华五千年的文明史，无不体现中华民族的博大宽容，尧舜时代“协和万邦”，殷商时期的“万方”“万邦”，周王朝时期的千百诸侯，战国时期的诸子百家，尔后又成就了三教九流。不同的民族，不同的文化都先后融入了中华民族这个大家庭。彼此关爱，让我们感到温馨、感到自豪。

你死我活，见鬼去吧！

共同之『同』

在汉语四千个常用字中，“同”字组词能力特强，使用频率特高，有必要认识一下。

同，甲骨文的上部是H（凡），是盘、盆之类的容器形状，与器皿之皿同义。盘、盆是装东西的，所以有“会聚”的意思。同，从凡从口，会意。《说文》云：“同，会合也。”大徐本《说文》“同”字下有“臣铉等曰：同，爵名也”。徐铉所谓“爵名”，指的就是容器“凡”。物与物聚于盆钵，引申人与人聚，则加“口”，一口代众口，会聚众口即为同。同，就主要用于人事了。同心、同力、同好、同事……就再也与盆、盘之类的容器无关。

《诗经・七月》：“我稼既同，上入执宫功。”郑玄笺：“既同，言已聚也。”这里的“同”指庄稼收割后会聚。成语有“同流合污”，同流，指流水会合。这里的“同”使用的都是本义。

常用词有“共同”，《说文》云：“共，同也。”许慎认为共的本义是同。其实，共的甲骨文写法，是左右两只手捧着一物，本义是“供”，供给、供应、供奉的意思，初文作“共”。

共的本义虽不是同，两者同义是没有问题的。“共”得用两只手一起（会合）使用，在这一点上与“同”构成同义词。同事，指共同做事；同甘共苦，指共同享受幸福、共同担当劳苦。由此引申出“同一”之义，如同乡、同姓、同门、同学、同班、同时；再引申出“相同”义，如同年即年岁相同，同好即爱好相同，同行即行业相同，同感即感受相同，同等即等第相同。

人人挂在嘴边的同志，古今理解并不一样。古人“在心为志”，想法相同就是同志。《国语》有“同心则同志”，意思很普通，涵盖面广。今天则称有共同的理想与追求并为之奋斗的人为同志，专指同一政党的成员。频繁使用，变成了一般人彼此的称呼，算是泛指了。

与“同”有关的字是“興”，興从同。《说文》“興，起也。从同，同力也。”興的甲骨文为 ，四角是四只手，中间抬着器物“凡（ ）”；金文加口，中间为同。興就是抬举、抬起的意思。众人抬物得同心协力，同力得用口呼叫，加“口”就顺理成章。

儒家追求的理想社会叫“大同”，孔子很有感慨，“丘未之逮也”，没有赶上那样的社会。他描绘道：天下是公共的，选举有德有才的人任职。人人诚信，彼此和谐。尊老爱幼，各有所归。财物不私藏，个个尽力而为。没有奸诈之心，没有盗贼作乱，外出还不用插门呢。

“大同”是高度和谐的共产社会，孙中山也向往“世界大同”，那是中华民族的追求啊！

人各有志，彼此不同也很正常。不必放弃自己的见解去附和别人的见解。所以孔子说：“君子和而不同，小人同而不和。”君子讲究和谐而不盲从，小人只是盲从而不能和谐。

“胡同”虽借用了一个“同”字，事实上与“同”本义并无关系。自古及今称胡同为街巷、巷子，所谓街谈巷议、大街小巷。北京的胡同是元代才有的叫法。原本写作“衚衕”，“行”表示街巷，“胡同”是读音。那是蒙古语“浩特”的音译，算是汉语的外来词。著名文学家老舍从 1950 年始住在北京东城灯市口西街丰富胡同 19 号，整整 16 年。老舍故居经修缮成立了老舍纪念馆，于 1999 年 2 月 3 日老舍一百周年诞辰之际正式开馆。那时我正在北京，友人相邀参观，算是领略了一次北京胡同的风光。

维民所止

“维民所止”是《诗经·玄鸟》中的一句。《玄鸟》是《商颂》中的一篇，是宋国君王祭祀殷高宗武丁时所唱的乐歌，歌颂武丁中兴的功业。“邦畿千里，维民所止”，维通为，止即住所，是说都邑周边千里远，都是商民居住地。清朝雍正时期，文字冤狱记录在案。主考官查嗣庭以“维民所止”为考题，被曲解为“雍正砍头”。“雍正”二字去其头，正是“维止”二字。结果查嗣庭惨死狱中，还被戮尸示众。这里值得说一说的是“民”字。

民，使用广泛，几乎无处不在，而常常又被我们忽略，或者误解。《说文》云：“民，众萌也。”段玉裁注：萌犹懵懵无知貌也。民，民众，就是懵懵无知的那些普通人，等于现代人观念的“老百姓”“劳苦大众”。为什么“懵懵无知”？没有接受

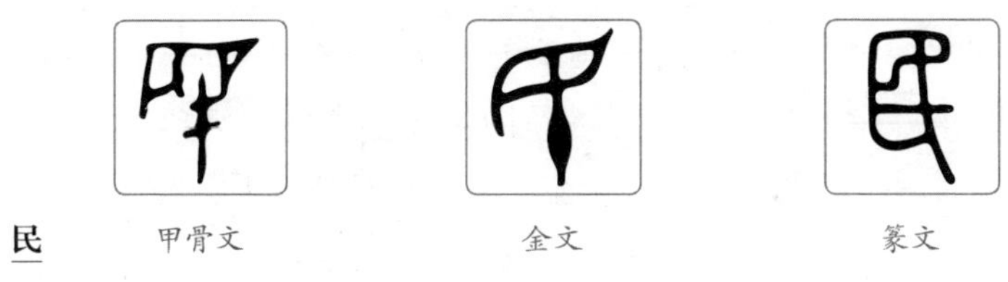

民　甲骨文　金文　篆文

教育，没有受教育的权利。这就是上古社会的现实。夏、商、周三代，社会分贵族、平民两个阶层。“天有十日，人有十等”，天子、诸侯、大夫、士四等人是贵族，享有特权；其余六等，皂、舆、隶、僚、仆、台，属于平民。平民的主体是“舆”，最下层的“僚、仆、台”多是家奴、家仆，甚至世代奴仆。

儒家学派创始人孔子提倡的仁与礼，是规范约束贵族的，强调贵族自身的道德修养，并不代表平民。平民利益的代表是墨子。墨家、儒家在战国时期都是“显学”，都有各自的群众基础，两相对垒，缺乏支撑的其他学派就只能望其项背了。我们要肯定亚圣孟子，他比孔子进了一步，提出“民为贵、君为轻”的民本理念。他要求贵族统治者善待民众，采取具体措施解决下民的吃饭穿衣、生老病死问题，只有施行仁政，才能一统天下。民本思想影响很大，连赵国贵族赵威后都意识到“苟无民，何以有君”。有识之士都明白，民众才是国家的基石，民众与国家紧密相依，这就有了民富国强、国泰民安、国计民生、国脉民命之类的词语。孙中山创立“三民主义”，还是“以民为本”，充分体现他的传统文化观念。

《说文》立“民部”，还收了个“氓”字，云“氓，民也”。民是初文，氓是后起。氓、民是同义词，细微差别还是有的，“自他归往之民谓之氓”。字从民、亡，就是外乡人，游动之民，如同今天的农民工、打工族，在外面谋生计的。读音为 méng（萌）。《诗经》的“氓之蚩蚩”，理解为普通小民即可。氓还有一个读音 máng（忙），本指无业游民，所以叫“流氓”，词义变迁后，指不务正业，甚至为非作歹的人。氓有个异体字，写作“甿”，显然是种田的游民、佣工。陈涉做过“佣耕”，《史记》称他是“甿隶之人”，很确切。古文献中，民、氓、萌、甿是通用的，注意细微差别就好了。

《论语·先进》有“比及三年，可使足民”。足民，即民足，是倒语，不是“使民足”，不是什么“使动用法”。《逸周书·文儆》有“民物多变”。“民物”二字就不好理解，笼统说指民众，讲清楚就难。其实，民物即物民，倒语。物，指万物；民，指民众。人为万物之一，万物，大名；民，小名。这是大名冠小名，汉语的组词方式之一。

民是大众之称，不是专指奴隶。有人根据西法，说中国上古社会是奴隶社会，有大量的奴隶存在。民，就是刺瞎了眼睛的奴隶。进一步，氓与民通，氓也是奴隶。于是，涉及奴隶社会的论文、关于奴隶社会的专著，也就一篇一篇、一本一本地摆放在书摊上、书架上，让我们的意识模糊不清。说到底，“民”字的误释也起了作用。人的突出之处是眼睛，所谓“画龙点睛”“点睛之笔”，造“民”字就抓住这一特点，凸显其目，与

“刺瞎”并无关系。如果细加研究，中国上古社会并没有大量的奴隶存在，反而是“万邦”“万国”，也就是《老子》所说的“小国寡民”，那是真真切切的血缘集团，一个一个家族、部族、部落，组成包容万方的中华民族大家庭。这也是与西方历史不同的中国历史的特色。

需要沉思

手里正有一本刘明武先生所著的主题为“文化沉思”的书，书中提出了古往今来若干值得深思的文化问题。书的全名是《呐喊之后的文化沉思》。有意思了，沉思是在“呐喊”之后。呐喊就是大喊大叫，太激动了、受打击了、想不通了，这才有呐喊。呐喊是一种发泄而已，不可能有什么作用，所以呐喊之后必有冷静的思考。人人都有激动、呐喊、需要发泄的时候，激动之后也就是发泄之后，未必都会沉思。平庸之辈自然不会去想，也不可能想出一个什么结果。沉思，必然是忧国忧民的文化人的职责。文化人需要沉思。

沉思，就是盘点一下，回头来思考，总结经验教训，很平常的。而人类社会是分工的，工农商学兵，各有专业；官场、商场、战场，活动环境各异，个人沉思的内容自然就大不一样。

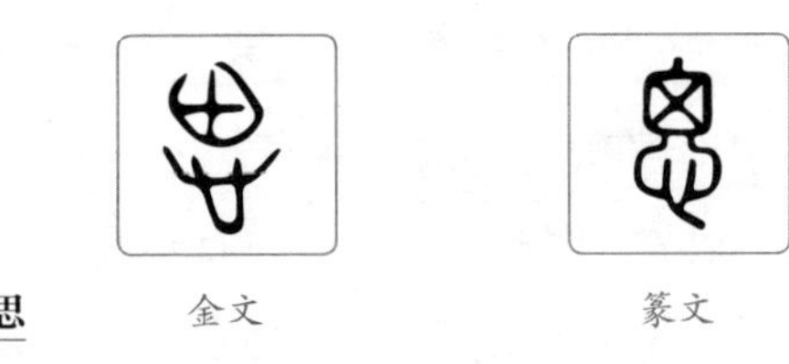

思　金文　篆文

从事文史研究的文化人才会有“文化沉思”。

进入21世纪，反观过去的一百年，很多问题值得沉思。报纸上说：泱泱文明古国，何以今日“大师”集体“缺席”。现在的学校为什么培养不出杰出人物（大师级人才）呢？这就引发了人们对“大师”的思考。正因为这样，“百年树人”嘛，过去的一百年，就值得盘点，值得沉思。

1840年鸦片战争，列强入侵，掀开了中国近代史的篇章；而后有太平天国运动、义和团运动、八国联军侵华战争、戊戌变法、辛亥革命、五四运动、北伐战争，日本入侵引发14年抗战，接着国共内战，中华人民共和国成立后多灾多难；改革开放的20世纪80年代，才算平静下来，中国进入一个稳定的发展时期。以治乱衡量，是百年乱世。“乱世出英雄”，大军阀、革命家比比皆是。纵观中国历史，只有政治稳定，才有经济发展，才有文化学术的繁荣。汉朝、唐朝、明清大一统，国泰民安，才有文化学术，自然就人才辈出。而百年乱世，民不聊生，哪里有文化人的人生价值？民国时期的大师有章太炎、黄季刚、刘师培三位国学大师，鲁迅、胡适、郭沫若三位大文豪，钱穆、顾颉刚、吕思勉三位史学大家，考古学界的“三堂”王观堂（国维）、董彦堂（作宾）、郭鼎堂（沫若）……

列强入侵，西方文化随之进入，在百年乱世中生根开花。西学东渐也好，东西方文化交流、碰撞也好，都是一个意思，西方文化“狼来了”。如果从这个层面进行文化沉思，就有若干题目要做。大体说，西方文化的攻势太强了，其负面影响也太大了。一些有自卑情结的中国人，学西人西法，轻视、刁难、诋毁传统文化，如同住进洋楼便自毁家园。日本人凭什么能占领大半个中国？那是靠了无数背叛祖国的汪精卫之流的汉奸。同样，百年来，背离华夏祖宗文化的国人或者叫“假洋鬼子”的有增无减，他们从国门进进出出，丢掉了中华文化的尊严，带回来的是洋垃圾。从这个角度说，“沉思”就不够了，应该是“反思”，是“批判”，是“清算”。沉思现实中的若干问题，反思我们的得与失，批判崇洋媚外的心态与行为，清算洋垃圾。

至于学校为什么培养不出杰出人物，看看学校就行了。民国的新学堂，忽视语文基础教育，政治课设置的空洞说教太多，从小学到老又有多少用？传统教学强调识字教育，强调扎实的基本功，道德教育重“操行”，从具体小事点滴做起，切忌空谈。语文水平下降，教学质量如何提高？反思：好传统丢了，洋玩意儿多了。

刘明武先生的文化沉思给我们开了个头，开了个好头，而等待我们去做的事太多太多，我们得踏踏实实努力去做，不然，弘扬传统文化就是一句空话。

人事亲情

人类还在幼年

“人类还在幼年”，这是西方一位哲人的话，也有人译为“人类在童年”，意思一样，我倒觉得“幼”字更好些。刚接触这句话，我不以为然，因为我们的古圣先贤是很看重这个“人”字的。人生天地间，天高地厚人为大。人的正面站立之像就是“大”字。天地人谓之“三才”，人也是了不得的、伟大的。先贤的自我认知、先贤的自信力，让我们佩服得五体投地。“人类还在幼年”，有点嘲弄先贤的嫌疑，的确不好接受。

我们从长江、黄河走向世界，原来在犹太人的《圣经》里，上帝创造了人，又造万物供人类驱使；在古希腊的神话里，为人创造出许多神来，爱神、战神、谷神都因人而有。类似我们古圣先贤的理念：人类是天之骄子，是大地上的主人。

19 世纪英国生物学家达尔文写出《物种起源》，创立进化论

幼　甲骨文　金文　篆文

学说，一切动物都是远亲近戚，人类并无尊贵可言，并非万物之灵。人类的祖先是猴子，猴子与其他动物一样都是由低级的变形虫阿米巴逐渐进化而来，而且还在进化之中。回顾中华民族五千年文明似乎也很好理解，从上古的茹毛饮血，进化到畜牧狩猎，再到刀耕火种、树艺五谷，由粗放到精细，由低级到高级，人类在进化，社会在前进。中国的封建社会维持了两千年，相对漫长。西方工业革命不过两百多年历史，确有翻天覆地的变化，从轮船、火车、飞机、大炮，到原子弹、宇宙飞船，科学技术的突飞猛进，今天人类已进入全新的信息时代。这就让人感慨：人类伟大，人类是世界的主宰。冷静一想，这仅是事物的表面啊！

工业革命、科技革命的巨大成就是以牺牲大自然为代价的。人们挖山开矿，地下资源殆尽。随之而来的是能源危机、环境污染、水资源匮乏、臭氧层洞开……人类的生存受到威胁。搬起石头砸自己的脚，自毁家园，是对人类行为的恰当点评。聪明人办糊涂事，人类的确幼稚。能源真有危机？水资源真的匮乏？其实，大自然给了我们无穷的能源、无尽的水资源，只因为幼年的人类不能利用罢了。太阳能取之不尽，海水用之不竭，我们却无能力进行充分开发利用。种种危机说明，是我们自己无序无度的开发，破坏了人与大自然的平衡。危机、灾害是我们自己一手造成的。我们终于明白：人类还在幼年。

汉字的“幼”，从幺、力。幺，小也。徐灏说：“凡物之小者皆谓之幺。”幼与老相对，词语有老幼皆宜、扶老携幼。孔子描绘的“大同”社会，“幼有所长”，幼年人能够长大成才。亚圣孟子讲，要“敬老慈幼”，还说“幼吾幼以及人之幼”，爱我之幼也爱人之幼，是儒家提倡的美德，也是中华民族的美德。“幼”的概念毕竟模糊，于是《礼记》上说：“人生十年曰幼，学。”后来因而称十岁为“幼学之年”。而后，称一岁到六七岁的为“幼儿”，即学龄前期。六七岁，是上学的年龄了。

传统的蒙学课本有《幼学故事琼林》，简称《幼学》，影响很大。《幼学》博采多方面文史知识典故，编为骈语，便于幼儿诵读。故事指典故，琼林有聚宝盆的意思。学过《幼学》的，无不受益。传统语文教学，非常重视幼儿教育，编有很多适合幼儿的课本。《训蒙幼学诗》、幼儿《千家诗》都是好教材。通过学习，幼儿得以成长。

人生不满百，幼儿期约占十分之一。人类的历史以若干万年计，还有漫长的路要走，我们在幼年期的种种鲁莽行为必然要付出代价，这如同一个人成长过程中应缴的学费。无视种种生存危机，当然不对。危言耸听，“人类即将灭绝”，毕竟是一种悲观的论调。

人类还在幼年，人类还在前进。

龙的传人

中国人自称是“龙的传人”，歌词就有这么一句：“我们的祖先是一条龙。”作为一个中国人，有必要认识这个“龙”字。

远古社会，“禽兽逼人”，中原大地无不是“兽蹄鸟迹”，飞禽走兽时时刻刻对人构成威胁。人们对猛兽既有恐惧感，也产生一种崇敬感。人要是也具备那样的威猛，该多好啊。《水浒传》中打虎的猎人自己就披着虎皮，戏剧舞台总有人戴着凶恶无比的面具，这都是原始社会动物崇拜的遗风。

上古的华夏社会是由若干部族、部落组成，尧舜时代，还是“万邦”“万国”。各个血缘集团都有自己的聚居地，不同地域的人，有不同的动物崇拜，民族学称之为“图腾”。水边的部族，受食人鳄鱼的威胁；低地的部族，受巨蟒毒蛇的威胁；高地的部族，受天上猛禽的威胁。就是野牛、野猪也对先民虎视

龙　甲骨文　金文　篆文

眈眈。数以千计的部族组成了华夏部落联盟，同生存、求发展。这个“万邦”的社会，也得有个大家共识的总的图腾。综合各个部族的崇拜标志，就有了中华民族的“龙”的图腾。龙，它身披鳞甲，长吻大口，像鳄鱼；它四足四爪，头上长角，像爬行的猛兽；它有羽有翼，如飞行的猛禽；它长尾粗身，如巨蟒长蛇；头像牛，角像鹿，爪子像鹰，身子像蛇。华夏民族是若干部族的联盟，作为图腾的“龙”是多种动物形象的拼凑。随着华夏民族的发展壮大，“龙”在先民心目中的地位也就与日俱增，对龙的崇拜到了无与伦比的地步。真的，“我们的祖先是一条龙”。龙，是中华民族的化身，也是中华民族的象征。中国人，的确是龙的传人。

据文字记载，太昊伏羲氏时代就“以龙为官”，就有了龙图腾。那还是狩猎畜牧时代啊！黄帝有熊氏做首领，“仓颉造字”，应该是有“龙”字的。今天看到的甲骨文、、字，已经具备了图腾“龙”的种种形象。许慎《说文》云：“龙，鳞虫之长，能幽能明，能细能巨，能短能长，春分而登天，秋分而潜渊。从肉，飞之形。”幽、明、巨、细、飞，许慎是顾及图腾的龙的综合形象的。许慎的“天人合一”观念，更体现在“春分而登天，秋分而潜渊”上。这是天象上的“东方苍龙七宿”，春天横亘南中天，秋后就隐藏不现。地上本无龙，天上有苍龙，指“角亢氐房心尾箕”七宿。陈彭年《玉篇》释“龙”云：“能幽明大小，登天潜水也。”虽是摘引《说文》，“登天潜水”却让人莫名其妙。由此发挥，今人强行解释“龙”字，龙就成了“能兴风作雨的神奇动物”。这就越走越远了。

图腾的龙，含有牛马之象，所以高大的马也称龙。《周礼》“马八尺以上为龙”。骏马自然可称龙马。古籍有“龙马负图出于河”，世人都赞美龙马精神。大马为龙，小马自可叫龙驹。

《易经·乾卦》通篇以“龙”为喻。初九，潜龙勿用；九二，见龙在田；九四，或跃在渊；九五，飞龙在天；上九，亢龙有悔；用九，见群龙无首。经文作者的脑海里还是图腾的龙。

龙本是中华民族的象征，历代帝王自以为是，窃取龙号，自称为龙、真龙天子。其所用物件，得加龙字，显示威赫尊严，便有龙袍、龙床。他的容貌是龙颜，他的儿孙是龙种。帝王即位叫龙飞，风水宝地叫龙脉。

刘向《新序》载有叶公好龙的故事，叶公子高喜龙，真的龙来了，他害怕得失魂落魄。成语比喻他只是表面喜欢它，并非真正喜欢它，甚至还畏惧它。

万族各有托

“万族各有托”，是陶渊明《咏贫士》组诗七首中的一句，下句是“孤云独无依”。那些士大夫们趋炎附势，各自寻求依托，只有孤云无依无靠。歌咏贫士的孤高品格，抒发自己安贫守贱、不慕荣利的情怀。借这个做题目，说一说“族”字。

族的常用意义是：宗族、家族；种族、民族；族类、品类。“万族各有托”的万族，指万类、各种各样的追求权势的人。

《说文》云：“族，矢锋也，束之族族也。从㫃（yǎn）从矢。”矢锋，就是箭镞，古字用族，今字用镞。箭镞是一束一束的，五十支为一束。族族，聚集的意思。族的本义就是聚集，引申有族类义。“族”甲骨文，“矢”在旗帜下，实指执矢的人。执矢干啥？出征打仗嘛。上古出征打仗，都是亲兵，自家人，同一个血缘集团的成员。族，自然就是家族、宗族、部族。

族　甲骨文　金文　篆文

《左传·僖公五年》有“宫之奇谏假道”一段文字，贤臣宫之奇反对晋国借道于虞以伐虢，贪婪的虞国君王不听。宫之奇深明唇亡齿寒的道理，只好“以其族行”。这个“族”就是家族，带着他的家族离开了虞国。元结诗：“昔年苦逆乱，举族来南奔。”举族，即全家族。

同一个家族的人聚集在一起，就是“同族”。同一个祖宗繁衍下来，称“宗族”。同宗同姓，一个宗庙，一个祠堂。上古婚姻制度，有族内婚、族外婚的区别。从考古材料看，商朝还是族内婚，商王武丁的妻子叫妇好，与商王一样也是子姓。周代明确规定“同姓不婚”，这就保证了子子孙孙的健康发育，有着不可估量的意义。“同姓不婚”直接促进了各民族的交流与融洽，最终成就了有五十六个民族的中华民族这个大家庭。

同族，就是同一个血缘集团，而直系亲属的关系最为密切。《尚书》载，“以亲九族”，算是最亲近的亲属；又载“罪人以族”，即一人有罪，刑及父母、兄弟、妻子，甚至诛灭九族。哪九族？指本身以上的父、祖、曾祖、高祖和本身以下的子、孙、曾孙、玄孙。

甲骨文的族（ ）字，指旗下有矢，所以“从㫃从矢”。这在满人入关前的“八旗”制度里也得到体现。满人的氏族称“牛录”，牛录就是箭矢。若干牛录组成“固山”，固山就是旗。满人共有八旗，旗有旗主，由帝王子侄担任，类似殷商的子族、多子族，殷商子姓。与殷商制度一样，八旗制度也是军事单位与血缘组织二合一的制度。如果说，满人是殷人后裔的一个支系，未必不是依据。

上古社会，罪人（隶、僚、仆、台），满族叫“包衣”，是没有资格当兵的，箭矢（武器）不能交给他们。士兵由本氏族的平民充当，首领由本氏族的贵族担任。司马迁《史记·李将军列传》载，“广以良家子从军击胡”，李广是好人家子弟。汉朝制度，医、巫、商贾、百工不列入良家。当兵，自古以来就是一种荣耀，是好儿郎的象征。文献记载，殷纣王荒淫暴虐，不得人心。讨伐纣王的军队开到距离朝歌七十里的牧野，他才停止歌舞宴乐，将那些罪人甚至俘虏凑合起来，开往牧野作战。结果那些罪人掉转矛头引导周武王的军队杀向朝歌，最终纣王自焚。这就是“前徒倒戈”的故事。这是公元前 1106 年武王伐纣的史实。这之后，历代统治者不得不吸取“前徒倒戈”的教训。

苏轼有诗：“蕙本兰之族，依然臭味同。”蕙是香草，俗名佩兰。蕙，又指蕙兰，香味不如兰。古人佩戴香草以避疫。苏轼说，蕙与兰本是同类，气味也是一样的。这里的“族”，指的是族类、同类。同一个“族”字，陶渊明《咏贫士》用以指人，苏东坡用以指物。

清明祭『祖』

清明节，大家的话题少不了“上坟”，要祭祀故去的父母与先祖。从2008年起，国家将清明节定为法定假日，显示传统价值的回归。清明祭祖，国家与民众的认同感趋于一致，这本身就有重大的意义。

孩提时代随父母过清明节，上坟扫墓，图个好玩。上学读书，读了《幼学故事琼林》才知道清明节的来龙去脉。《幼学故事琼林》写道：“二月朔为中和节，三月三为上巳辰。冬至百六是清明，立春五戊为春社。寒食节是清明前一日，初伏日是夏至第三庚。”《幼学故事琼林》的“岁时”篇罗列了几乎所有的民俗节日。清明，本是二十四节气之一，是适合春耕的时令。清明前一天是寒食节，得禁烟火吃冷食，这涉及春秋时代晋文公火烧介之推的故事。介之推追随重耳流亡国外多年，有恩于

祖 甲骨文 金文 篆文

重耳。重耳回国做了国君，就是晋文公。他赏赐随从臣属却忘记了介之推，介之推就和老母隐居绵山。晋文公内疚就放火烧山想逼他出来，结果介之推不愿出来被活活烧死。晋国君民在这一天禁烟火、扫墓以怀念介之推。寒食节恰在清明前一日，之前还有三月三的上巳节，三者交汇融合，凸显了扫墓祭祖，淡化了禁火寒食，隐含了踏青春游，清明节就格外重要了。

《左传》记载“国之大事，在祀与戎”，祭祀早就是国家行为，往往是君王主持。《左传》有“禘于僖公”，是鲁定公主持的祭祀；西周青铜器《鲜簋》有“禘于昭王”，是周厉王主持的；《小盂鼎》“禘周王”，是周穆王主持。西周之前的殷商，更是一个重祭祀的东夷民族。祭祀是利用同一血缘关系加强家族、部族、部落内部同心同德的纽带，其内向作用力不可低估。祭祀是实实在在的行为，没有转化为虚无的宗教，这正是中华民族文化的特点。

值得一说的是我们祭祀的对象，那个“祖”字。《说文》：“祖，始庙也。从示且声。”始庙显然不是初始义，示字旁也是后加的。且，就是祖，是个象形字。像什么？各有理解。许慎

《说文》云：“且，荐也。”他说“且”是祭祀时候的礼器，祭献先祖的。如果作为神主牌位理解，似乎更为恰当。上古社会，人死了“不封不树”，没有标志，不可能野外上坟，室内祭祀得立个牌位，替代先祖享受祭献。杜预注《春秋》指出，神主牌位，“殷人以柏，周人以栗”，都是木制的“先人板板”（祖先的棺材板或灵位）。这个“且”就是祖先的“祖”的本字。自从西方人类文化学进入中土，有人视“且”为男性生殖器官，用所谓性器崇拜之说与西方文化接轨，居然还颇有市场。我们以为这实在离谱，不可想象，祭祀的庙堂里供奉着一个大大的男性生殖器，还要别人承认，那就是我们祖先的象征。如果再看与且有关的“俎”字，能说明些问题。《说文》云：“俎，礼俎也。从半肉在且上。”俎是祭祀先祖的礼器，左边的仌是牛羊肉之类的祭物。祭物就在“先人板板”的“且”字旁边，能说且是生殖器官吗？

自古及今，中华民族的祖宗崇拜有非常现实的意义，显现一种高强度的凝聚力。可以说，几千年不衰。儒家的忠孝观，儒家的“养生丧死无憾”，通过清明扫墓祭祖得以延续下来。近些年来，为了振兴地方经济，民间祭祖已经升格为各级政府的官方公祭，明显有一种功利性。规模最大、影响也最大的，陕西公祭黄帝陵已经到了国家级的水平。河南新郑是轩辕黄帝的出生地，1992 年起开始举办炎黄文化旅游节，开展拜祖活动，其规模也逐年加大。还有，绍兴的祭祀禹王大典，周口市淮阳县拜祭人文始祖太昊伏羲氏大典，焦作市的神农文化节暨神农坛拜祖大典，安阳市内黄县的颛顼帝喾陵祭祖节，南阳市桐柏县的祭祀盘古大典，都在清明节前后依次举行。各地还有不少规模不等的祭祀活动，无从计数。《南方周末》有一篇文章，已经提及炎帝、女娲的祭祀了。这样，传说中的三皇、《史记》记录了的五帝，几乎都进入了我们当代中国人的官方祭祖场所。

任重道远的『士』

士在甲骨文为，简化为丄，是一个雄性符号。象形字。组成的字有：壮，大也，雄性必壮；牡，畜父也，指雄性牲畜；羘，牡羊也，当是从羊从士，指公羊。许慎的这些解释是对的。而他在《说文》中说：“士，事也。数始于一，终于十。从一从十。孔子曰：推十合一为士。”意思是，事业有成的男人。从一从十，会意。只能说，他没有见过甲骨文的士。数字从一数到十，是容易的，而以简驭繁却难。“推十合一”就是以简驭繁，从众多事物中找出规律来。这就需要有智慧、有能力。《白虎通义》说：“士者，事也，任事之称也。故传曰：通古今、辨然否为士。”这就不是一般的男人了，通晓古今之事，还能判断是非。勇士、志士、谋士、武士、义士、侠士、壮士、力士……都指优秀的男人。

士　甲骨文　金文　篆文

春秋以前，社会分为贵族与庶民两个阶层。《左传》记载，“天有十日，人有十等”。“王臣公，公臣大夫，大夫臣士，士臣皂，皂臣舆，舆臣隶，隶臣僚，僚臣仆，仆臣台。”王、公、大夫、士，是贵族，享有特权。皂指卫士，舆为众民，隶为罪人，隶以下皆有所指。而对整个中国社会影响最大的，应该说是“士”。贵族可以读书，有文化特权。贵族有姓，庶民无姓。贵族可以穿丝帛，庶民只能穿麻织品。贵族子孙繁衍，士在贵族最底层，人数众多，自然没有官做。大夫有封邑，士有田，吃饭不愁。士人从小进官学受教育，有文化素养，的确是与众不同的优秀男人。

庶民中的皂、舆，给贵族办事，容易得到赏赐，有人身自由，算是自由民。造父给穆天子驾车西游有功，周穆王赐赵城，子孙以赵为姓，成了赵国的先祖。这是典型的例子。随着自由民与贵族的亲近，自由民与士的界限也就模糊了。孔子开办私学，正合时宜。他的弟子，主要就这两种人。民间办学就打破了贵族对文化的垄断，意义是了不得的。贵族与庶民的界限从此不复存在。到了战国，庶民也有名有姓，庶民也可穿丝帛。

社会真正地发生了翻天覆地的变化。归根到底，都是孔子办私学引发出来的。孔子“弟子三千”，死后弟子散居各地，到处办私学，传播中华文化。一批又一批读书人从学校出来，走向社会。他们游说诸侯，他们著书立说，这才有战国时期的“百花齐放、百家争鸣”的局面。我们当今读到的先秦典籍，就是这些士人自己写的，或者经过他们整理加工流传下来的。孔子自己就说“述而不作”，他就是加工整理前代典籍的大师。孔子对中华文化的贡献实在无与伦比，不愧是伟大的教育家、思想家。

从此，有文化的读书人就成了社会的中坚，优秀士子就是民族的精英、中华的脊梁，历史的重任就自然落到他们的肩上。孔子的忠实弟子曾参深感读书人肩上的重担，所以就有“任重而道远”的感叹。几千年来，民族文化的传承，也充分证实了这一点。当代的知识分子，应该具备曾子的理念，民族的繁荣是我们的责任，任重而道远啊！

谋事在人

俗话说，“谋事在人，成事在天”。这是说，要想把事情办好，得考虑周全，最终事情能否办得成功，还得取决于天意。天意，不是指上天，更不是神灵，而是指自然规律。你的考虑符合自然规律，必然办事顺当。这样看来，“谋”就特别重要了。

谋，指人的思维。《诗经·生民》“载谋载惟”，即又谋又惟、想了又想。《尚书·周书·立政》有“率惟谋”，足见谋、惟是同义词。这就是《论衡》上说的，“心思为谋”。这当然是比较笼统的解说。汉字多音多义，两个词往往在一个意义上相同，就算同义。与谋同义的词，还有虑、计、图、议、论、咨、诹、察等。即使是同义词，我们也要弄明白它们的细微差别。《说文》“虑难曰谋”，就是《韩非子》说的“道不通则难必谋”，道路不通，遇到困难，必须想办法。可见，碰上困难出主意，才叫

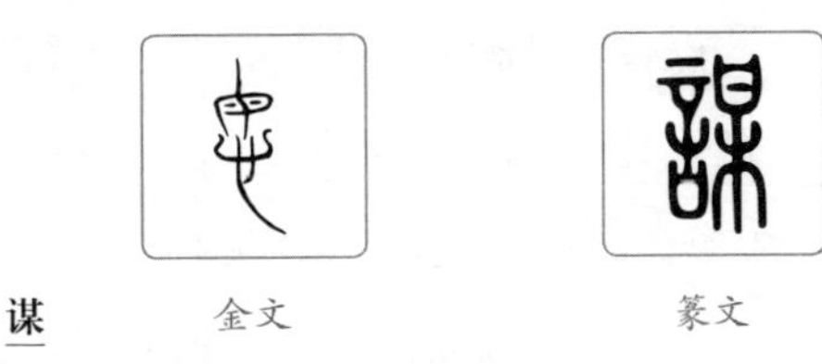

谋　金文　篆文

“谋”。这应该是谋的本义。

《左传·襄公四年》有“访问于善为咨，咨亲为询，咨礼为度，咨事为诹，咨难为谋”，把几个同义词的细微差别讲析得清清楚楚。其实，阅读古文，就需要这样把同义词辨析明白，才不致囫囵吞枣。汉语具备十分丰富的表达能力，有大量的同义词供你选择使用，以便准确地表述你的内心世界。从古至今，莫不皆然。学习语文，确实要在同义词上花些功夫。

古文的谋，多用作动词。《左传》有“肉食者谋之”“肉食者鄙，未能远谋”，《诗经·氓》有“匪来贸丝，来即我谋”，都是考虑、计划、商议的意思；也做名词用，如《论语》有“小不忍则乱大谋”。大谋，大的计划。孔子是说，小事情不能忍耐，就会搅乱大的规划。

《礼记》记载，孔子赞颂天下为公的大同社会，选贤举能，讲信修睦，人人相亲相爱，无私心私利，都尽力尽责，所以“谋闭而不兴”。这里的“谋”，指的是奸诈之心、邪恶之念。用今天的话说，就是鬼点子、坏主意。天下为公，人人有公心，自然堵塞邪念，使它不能产生。到了家天下，“各亲其亲，各子其子，货力为己”，也就是“私”字当头，人人为自己打算，处处为自己打算，“故谋用是作，而兵由此起”。没有了公心，坏主意也就因此产生了，战乱也就从此出现了。社会怎么能安宁呢。“人不为己，天诛地灭”就是这种社会的必然产物。不难看出，私心私利的确是万恶之源。社会主义强调以公有制为主体，涉及国计民生的事业得国有化，就不难理解。树公心，立公德，大公无私，才有真正的和谐社会，才能实现号称共产主义的大同社会。

人人有思维，人人都在“谋”，既有好主意，也有烂点子。暗中策划叫阴谋，考虑长远叫深谋，出乎意外叫奇谋，共同策划叫同谋，以他为首叫主谋，以巧取胜叫智谋，玩弄权术叫权谋，匹夫之勇叫无谋，别有用心叫图谋，谋求衣食叫稻粱谋，道不同则不相为谋。

形影不离

形容关系极好，互相伴随，就用“形影不离”来表达。形指形体，人体、物体都在其中；影指影子，是物体的虚像。这里说说“影”字。

影字的初文是“景”，影是后起字，《说文》就未收“影”字。《辞海》的“景”就注jǐng、yǐng两个音，yǐng后注明“‘影’的本字”。“本字”就是文字学上的“初文”。阅读古籍，上古的“景”字，很多地方要读作“影”。景印、景从、测景，必须读作影印、影从、测影。

《诗经·公刘》是叙述周民族先祖公刘带领周部落从邰迁豳的史诗，第五章写道：“笃公刘，既溥既长，既景乃冈，相其阴阳，观其流泉。”既景乃冈，就是为测日影定方向而登上了高冈。简言之，登山测影。相其阴阳，看山北（阴）、山南（阳）

景　篆文

的地势，是否适宜农耕；观其流泉，观察水流能否灌溉田土。部落首领公刘就是这么忠诚于民众，“笃公刘”就是忠诚笃厚的公刘啊！

周武王克商建立周朝，政治中心由西部边陲向东延伸。周公决定在洛阳建造王都，便于控制中原及东夷。他在地中阳城（河南登封的告成镇）设置观象台，就是今天还能看到的“周公测景台”，它已经作为华夏天文古迹保存下来。“测景台”就是“测影台”。《周礼·地官·大司徒》载，“以土圭之法，测土深，正日景（影）”。这就是土圭测影，立根杆子，地上设表（圭），观测日影在圭表上的长短变化，确定一年四季的时间长度。其实，每天的早、午、晚，也是通过日影来确定的。北京时间中午 12 点，未必是你所在地方的中午 12 点。怎么测定？站在阳光下，人影最短的时候，就是地方时间的正午 12 点。你就明白，你的地方时与北京时间的差距是多少。

贾谊《过秦论》写陈涉起义，“斩木为兵，揭竿为旗，天下云集响应，赢粮而景从。山东豪俊遂并起而亡秦族矣”，把起义军写得声势浩大，锐不可当，导致不可一世的秦王朝迅速败亡。

景从，即影从，（天下人）如影随形地跟着（陈涉），何等气势！

《说文》云：“景，光也。”景就是日光。我们说“光景”，光与景，是同义词。《诗经·小雅》：“高山仰止，景行行止。”郑玄笺：“景，明也。后人名阳曰光，名光中之阴曰影。别制一字，异义异音，斯为过矣。”“景”字使用广泛，词义引申，光也、明也、大也，异义很正常；地域辽阔，方言殊异，异音自不可免，别制一字理所应当，斯不为“过”。

说到“影”字，应该读一读李白的《月下独酌》，诗云：“花间一壶酒，独酌无相亲。举杯邀明月，对影成三人。月既不解饮，影徒随我身。暂伴月将影，行乐须及春。我歌月徘徊，我舞影零乱。醒时相交欢，醉后各分散。永结无情游，相期邈云汉。”李白于物我之间，无所容心。“永结无情”，使无情的明月与影子，与我做有情的交欢，展现他的天才旷达。

说到“影”字，还应该读一读李密的《陈情表》。晋武帝征他为太子洗马，他以奉养祖母为理由，辞不应征。文章说：“外无期功强近之亲，内无应门五尺之童，茕茕孑立，形影相吊。”写得辞情哀切，伶仃孤苦，跃然纸上。形影相吊，身形和影子相互慰藉，孤单可知。唐代文人韩愈在《祭十二郎文》中也有类似的表述，“两世一身，形单影只”。孤零零一个人，一个影子。这是化用李密“形影相吊”，也算独具匠心。

还应该读一读朱自清的回忆性散文《背影》，通过往昔父亲为儿子送行一事的记叙，表现了真挚动人的父子亲情。作者选取“背影”作为刻画重心，角度独特而情意深挚。

成语有杯弓蛇影，比喻疑神疑鬼，自相惊扰；含沙射影，比喻暗中攻击或陷害别人；立竿见影，比喻收效迅速；说话做事毫无事实根据叫捕风捉影。

古代诗人将“影”字写进诗词，产生了不少脍炙人口的诗词名句：

明月澄清影，列宿正参差。（魏·曹植）
荷阴斜合翠，莲影对分红。（梁·徐朏）
日沉红有影，风定绿无波。（唐·白居易）
晴虹桥影出，秋雁橹声来。（唐·白居易）
耿耿残灯背壁影，萧萧暗雨打窗声。（唐·白居易）
风暖鸟声碎，日高花影重。（唐·杜荀鹤）
山光悦鸟性，潭影空人心。（唐·常建）
那堪玄鬓影，来对白头吟。（唐·骆宾王）
返景（影）入深林，复照青苔上。（唐·王维）
孤帆远影碧空尽，唯见长江天际流。（唐·李白）
峨眉山月半轮秋，影入平羌江水流。（唐·李白）
一片水光飞入户，千竿竹影乱登墙。（唐·韩翃）
五更鼓角声悲壮，三峡星河影动摇。（唐·杜甫）
玉颜不及寒鸦色，犹带昭阳日影来。（唐·王昌龄）
拂墙花影动，疑是玉人来。（唐·元稹）
觉后不知明月上，满身花影倩人扶。（唐·陆龟蒙）
时见幽人独往来，缥缈孤鸿影。（宋·苏轼）

起舞弄清影，何似在人间。（宋・苏轼）

柔柳摇摇，坠轻絮无影。（宋・张先）

中庭月色正清明，无数杨花过无影。（宋・张先）

沙上并禽池上暝，云破月来花弄影。（宋・张先）

日曈昽，娇柔懒起，帘幕卷花影。（宋・张先）

兔葵燕麦，向残阳，影与人齐。（宋・周邦彦）

杏花疏影里，吹笛到天明。（宋・陈与义）

一轮秋影转金波，飞镜又重磨。（宋・辛弃疾）

素月分辉，明河共影，表里俱澄澈。（宋・张孝祥）

水边杨柳绿丝垂，倒影奇峰坠。（元・王恽）

天涯疏影伴黄昏，玉笛高楼自掩门。（清・龚鼎孳）

孤影怯，弱魂飘，春丝命一条。（清・孔尚任）

血浓于水

“5·12”汶川大地震让中国社会空前团结，让全世界华人感同身受。面对中华儿女的万众一心，西方人迷惑不解，甚至目瞪口呆，而我们自己明白：血浓于水。

血的甲骨文为，下是皿，盘形，盘中的小圆点是“血”的形象。血的小篆（）是皿上一点，那一点就是血滴。《说文》：“血，祭所荐牲血也。”血的本义就是血液，许慎强调的是血的祭祀作用。他说的“牲血”，指动物的血，主要是牛、羊、豕三牲的血。国家大典，祭祀要三牲齐备，称为“太牢”；只有猪羊，称为“少牢”。其实，血祭，也有用人血的。《左传·成公三年》有“执事不以衅鼓”，你（执事）不杀我来衅鼓。衅就是血祭，杀牲以血涂钟鼓以示功成。这里是指用战俘代牲衅鼓。血祭，表示的是精诚。鲁迅的诗句“我以我血荐轩辕”也就不

血　甲骨文　篆文

难读懂了。

应该明白，最早的祭物当是实实在在的牛羊猪之类，而后才由牲血取代，今天普遍使用的雄鸡血，就仅具象征意义了。

血有两个读音：单用读 xiě；复音词以及成语，如血汗、血统、血泪、血战、呕心沥血、狗血喷头，读 xuè。这样，“血债要用血来还”，前 xuè 后 xiě，就不会读错了。

人怎么来的，古人以为“父精母血”，同一个母体下来是同胞。母系社会女性是主体，子子孙孙组成同一个血缘集团，一个个血脉相承的部族、部落，彼此相依，患难与共。这就是中华民族大家庭的主要特点。不难看出，中华民族的源头文化就是血缘文化。这与西方文明源于宗教文化大不相同。我们最早的人文始祖是伏羲氏，他本是以虎为图腾的部族首领。《路史》载“伏羲风姓”，《易经·乾卦》有“风从虎”。“伏羲”二字也作“虙戲”，均从“虍”，显示是虎图腾。《帝王世纪》载，“伏羲生于成纪”，今甘南天水地区。《礼纬》称，“禹建寅，宗伏羲”，大禹本是羌戎首领，寅属虎，尊伏羲为远祖。羌、藏、彝、白、土家族都是羌戎后裔。今天的彝族称伏羲为始祖，自称“罗罗”，罗罗就是虎。凉山彝族“择吉日以虎为上吉”，哀牢山彝族行用以虎为首的十二兽纪日法。若干部族结为盟友，相互依存，组成部落联盟。虎图腾的伏羲氏被选为部落联盟首长，大家的共主。伏羲氏建都于陈，今天的淮阳，“以龙纪官”，“龙”从此成为部落联盟的中华民族的总图腾，延续至今，华夏之民就是龙的传人。

部落联盟包含的血缘集团成千上万，反映在文献上，就是“万邦”“万国”“诸侯三千”“八百诸侯”，这就构成了一个包容万方的中华民族。为了加强血缘集团的亲和力、凝聚力，血缘文化的自然发展就是祭祀文化。殷商时代，祭祀文化发展到极致，“国之大事，在祀与戎”就是恰当的表述。祭祀先祖必须肃穆庄重，由天子诸侯亲自主持，祭礼相当丰厚，有肉有酒。肉要新鲜，酒要醇厚。这就是血祭的由来。歃血为盟正是远古的遗风。同一个家族，拜祭祖宗，彼此相亲相爱。就算他乡异姓，只要志同道合，大家一起喝雄鸡血酒，结为兄弟，也可誓同生死。红军进入彝族区域，刘伯承与彝族首领小叶丹血酒盟誓，已成佳话，显示祭祀文化的强大生命力。当今，公祭我们的人文始祖，上自三皇五帝，下至古圣先贤的老子、孔子、孟子，已是轰轰烈烈；就是当代的英烈楷模也列入我们的祭祀范畴，凡是有功于民族者，我们都永远怀念他、祭奠他。祭奠亡灵，生者感到安慰，又增进了亲情。这正是传统文化回归的意义所在。

我们的史学家往往注重在农耕文化基础上发展起来的礼乐

文化，也就是后世的儒家文化，忽略了最早形成的有华夏特色的血缘文化与祭祀文化。

“5·12”汶川大地震之后，全世界华人表现出来的同胞情谊，说明“血浓于水”的民族情结深深扎根在每个中国人的心里，这也是血缘文化凸显出来的无穷魅力。

难兄难弟

成语“难兄难弟”，出自南朝刘义庆笔记小说《世说新语·德行》：“陈元方子长文有英才、与季方子孝先，各论其父功德，争之不能决，咨于太丘（陈寔）。太丘曰：元方难为兄，季方难为弟。”陈寔有两个儿子：陈元方、陈季方。元方的儿子陈长文、季方的儿子陈孝先，各自夸赞自己父亲的功德，争论不下，只好请祖父陈寔决断。陈寔感到他兄弟两个才德都好，难于为兄，难于为弟，难分高下。这就是“难兄难弟”的本来意思。词义转移，成语蕴含意义变迁，后来人将“难于”的难，读成“落难”的难，就有了不同的意思：指两个处境同样窘迫，或者品质同样恶劣的人。兄弟皆佳、同样优秀的“难兄难弟”，变成了兄弟皆坏、一同落难的“难兄难弟”，词义已是天壤之别了。

“兄弟”二字也值得说一说。《尔雅·释亲》：“男子先生为兄，后生为弟。”《说文》：“兄，长也。从儿、从口。”兄即长幼之长，年长之长。甲骨刻辞有兄甲、兄乙、兄丙，都是兄长。人类社会重视血缘关系，一母所生亲兄弟，称胞兄、胞弟；旁系亲属的同辈，称堂兄堂弟、表兄表弟。在讲究尊卑次序的儒家道德中，兄长受到极大的尊重。“四海之内皆兄弟”，对同辈要“兄事之”，像尊敬自己的兄长一样尊敬他人。突破亲属的范畴，称好友为“仁兄”，称同学为“学兄”。不受年龄限制，比自己年轻的也照样称“××兄”。甚至性别也不讲究，鲁迅就有“广平兄”的文字。

家族、家庭的承继，兄长有优先权。殷商时代，“兄终弟及”。做君王的兄长死后，弟弟才能承继尊位。到了周代，明确规定嫡长子承袭制度，嫡妻所生长子才有承继权。这当然在于避免兄弟相争，以维持家族内部的稳定。古人重祭祀，视为与打仗一样重要的国家大事。主持祭祀者必定是家族、宗族中享有最高地位的长者。只有作为嫡长子的“兄”，才具备这个身份。兄的最初写法，面朝左跪着，上部是口，张口祷告之义，

也是主持祭祀时的祝祷人。祝，从示、从兄。兄是祝字的初文，最早本来就是一个字。“兄”主持祭祀，对神灵有所求，口里念念有词，叫“祝词”，求告内容就在其中，所以兄字“从口”。兄字的本义就是祝、祝祷。《说文》的“兄长”已是假借义了。

弟，本次第之弟，引申为兄弟之弟。《墨子·兼爱》曰：“为人弟必悌（tì）。”古人说：“弟敬爱兄谓之悌，反悌为傲。”古代，弟是悌的初文，悌是后起的分别字。《论语·学而》：“有子曰，其为人也孝弟。”做人的根本就是讲孝悌。孔子教育学生：“入则孝，出则弟。”

在家孝顺父母，出外敬爱兄长。怎样做个好弟弟？必须敬爱兄长。

兄弟本是长幼的次第，同一血缘，有手足之情，彼此亲近在常理之中。就算同辈、朋友，也可以做到亲如兄弟。如果内部不和，彼此争斗，成语叫“兄弟阋于墙”，那就违背伦理道德了。《左传》开篇就讲郑庄公与其弟共叔段兄弟相争的史实，那是教人引以为戒的。

之子于归

读过《诗经》的应该都记得“之子于归，宜其室家”这句话。它讲的是女子要出嫁，好好成个家。归，为什么是出嫁？很多人未必明白。

远古社会，人们群居群婚，与禽兽无异。进入文明时代，婚姻以女性为主体，这就是母系社会，家、家族由女性掌握，男性只得四处走婚，寻求性伴。母系社会的职能在于延续后代，生儿育女由女性承担，责任就决定了权利。只知其母，不知其父，男人的地位可想而知。到了农耕时代，男人的创造力彰显，家庭家族的生活来源依靠男性的能力，男人就成了家庭家族的主体，进入父系社会也就顺理成章。周民族的祖先后稷是务农的好手、农耕的祖师爷，周民族最早进入父系社会，施行嫡长子制是最好的证明。《魏书·高祖纪》载：“夏殷不嫌一族之婚，周世始绝同姓之娶。”周民族最早实行“同姓不婚”，经周公制

归　甲骨文　金文　篆文

礼作乐确定下来。禁绝近亲结婚，为华夏民族的优生优育提供了保障。这可是人类文明史上的一次重大进步。

商代同姓而婚，不仅史有明文，出土的妇好墓也是明证。1976年前后，河南安阳发掘了殷墟妇好墓，陪葬器物共1928件，其中铜器468件，铜器总重量在1625公斤左右，还有玉器、石器、骨器、宝石之类，制作考究，件件精美，说明妇好地位显赫。通过甲骨文字考证，妇好是商王武丁的妻子。妇即帚，女子之称；好表姓，“好”姓之女。卜辞通例，妇名可从“女”也可不从。妇好应该是子姓之女，她嫁给商王武丁，没有嫁出自己家门。商王就是子姓。《汉书》载，春秋时候，齐地还“姑姊妹不嫁”，与同姓兄弟成婚，“为家主祠”。这明显是商文化的遗迹。《战国策·齐策》载赵威后问齐史：“北宫之女婴儿子无恙邪？彻其环瑱，至老不嫁，以养父母。是皆率民而出于孝情者也。”齐文化与殷商文化是一脉相承的。

《说文》云：“归，女嫁也。从止从归省自声。籀文从止帚。”《说文》云：“妇，服也。从女，持帚，洒扫也。”帚，《说文》云：“粪也。从又持巾埽门内。”帚、婦（妇）、歸（归），三个字意义相关。女子出嫁成家，主持家务，室内外干干净净。这是父系社会女人的地位。

陶渊明有《归去来兮辞》，归、去、来，三个字一个意思：回家吧。这叫“三字连文”，古语中并不少见。《降魔变文》有“是以如今还却归”，《云谣集杂曲子》有“早晚王师归却还”。还却归、归却还，一个意思：回家吧。回归、归家、回家、还家，表达的意思相同。

女子出嫁就如同归家。丈夫那里才是她的家。孔子描绘的“大同社会”就明确“男有分，女有归”，男人有事做，女子能成家。封建社会男尊女卑，生个女儿是帮别人家养，养大了得嫁出去，认为是“赔钱货”。旧社会穷人家丢弃女婴、贱卖女婴的现象时有发生。女子要出嫁，就有“嫁鸡随鸡，嫁狗随狗，嫁个猴子满山走”的俗话，选择夫家就十分重要了。父母要给女儿找个好婆家，衣食不愁，才能放心。一些地方的习俗，养个女儿不容易，出嫁要索取若干钱财。这就有贫穷男子无法成家的尴尬。

归字的另一个用法是通“馈”，赠送的意思。借用的意义非常自然，女子嫁出去不等于“送”吗？《论语》载：“阳货欲见孔子，孔子不见，归孔子豚。”最后一句读“馈孔子豚”。对照《孟子》的记载，作“馈孔子蒸豚”。豚是小猪，送给孔子一只熟乳猪。只有对读异文，才能准确理解。《左传》有“归公乘马”“归夫人鱼轩”“归王乘舟”，“归”都得读“馈”。古籍中还有很多例证。段玉裁注《说文》云：“馈多假归为之。”其实，归、馈的古音还是相同的，音同才能借呀。

官宧人家

家里有人做了大官，或者几辈人做官，常被人称作官宧人家。在这里，官、宧是同义词，指做官的人。其实，两个字并不完全一样。官，《说文》收在𠂤（音堆 duī）部，“史事君也。从宀从𠂤。犹众也。此与师同意。”史即吏，段注“吏事君”，侍奉君王的官吏。《说文》强调“治众之意”。宧，收在宀（音 mián）部，“仕也。从宀从臣”。又“仕者，学也”。服虔注《左传》“宧三年矣”，云“宧，学也”。王力主编的《古代汉语》注此“宧”字为：“当贵族的仆隶。”《礼记·曲礼》有“宧学事师”。宧与学的区别又在哪里？古注：“宧谓学官事，学谓习六艺。”《说文》强调宧是“学官事”，所以“仕也”。这样来解说同义词官与宧、宧与学的细微差别虽让人感到很勉强，但同义词的细微差别不能含糊，的确要弄明白。于此可见，古人在这

金文

篆文

方面是下了功夫的。

后人看来，许慎将官、宧分属两部不可取，明代梅膺祚编《字汇》将《说文》540部合并为214部，此后的字典、字书都大体遵从。汉字的部首也就这么两百个左右。官、宧同属宀部，查检也就方便了。

宀，上古指房屋。官字“从宀”自然与房屋有关。问题是官字里面的“𠂤”，甲骨文为“弓”字。屋子里有弓，官是藏弓之所。弓矢是上古的先进工具，善用弓矢的射手是能人，当然是部族的首领，“弓”成了权力与权威的象征。官就不是一般的房屋了，应该是官府，官员办事的地方，又称衙门、官署。官，由官员办公的官府引申为官员，也就顺理成章。可见，《说文》的解释已经是引申义了。

宧，从臣，指的是做官的人，官吏。宧也做动词用，宧游、仕宧。这就是“名动同辞”，名词、动词都使用同一个字（辞），这是汉字使用上的特点。

几千年封建社会，官吏成了帝王的爪牙，是官吏在治理众民，平民百姓一切听命于官。官本位是集权社会的特点，百姓只能是任人宰割的鱼肉。老百姓对官吏的憎恶，溢于言表，常用词语就有：官气、官腔、官僚、官迷、官场、官倒、官官相护、官样文章、官报私仇，最终是官逼民反。

封建社会，当官的能为民请命，那就是清官了，老百姓自然要歌颂一番。秦国蜀郡太守李冰修筑都江堰，川西平原成了天府之国，民众修建“二王庙”，父子享受香火，永载功绩。宋代的包拯，人称“包青天”，戏曲传唱不衰。合肥有包公祠，对联赞道：

理冤狱关节不通自是阎罗气象，
赈灾黎慈悲无量依然菩萨心肠。

这样的清官，这样的青天大老爷，当然是凤毛麟角了。

闲人免进

在若干场合，我们会遇上这样的门帖：闲人免进。我们就说说“闲”字。

《说文》：“闲，阑也。从门中有木。”从门、木，会意，义是门前的木栅栏。先民饲养牲畜，门口用木栏挡住，防止跑失，这个木栏叫闲。设置木栏的养马圈也叫闲。《周礼·校人》云：“天子十二闲，马六种。邦国六闲，马四种。家四闲，马二种。”从马圈义引申为“范围”，《汉书》：“制礼不逾闲。”制礼不超出一定的范围。一定的范围，起防止的作用，闲又有防止之义。闲与閒，古同音，可通用。李白《庐山谣》：“闲窥石镜清我心。”实则“閒窥”，是空閒、清閒之义，又写作空闲、清闲，这个用法很普遍。

閒，从月从门，会意。金文月在门上，门上一弯明月，或

闲 金文 篆文

者说月下有两扇大门。小篆把月移到门内，月光进入门内，因为门扇上有缝隙。《说文》云："閒，隙也。从门从月。"可见本义是"门缝"。《史记·管晏列传》载："晏子为齐相，出，其御之妻从门閒而窥其夫。"晏子车夫的妻子从门缝偷看丈夫（车夫）赶车。司马迁使用的正是"閒"的本义。许慎说的"空隙"当是引申义了。小篆的閒，楷书写作"間"，从门从日，会意，日光进入门内也好理解。

应当明白，閑、閒、間三个字是有区别的。上古没有"間"字，《说文》也不收。后代写作"間"的上古都写作"閒"。在混用的过程中，读音起了变化，有 jiān、xián 两个音。为了区别，人们把读 jiān 的写作"間"，把读 xián 的写作"閒"。閑是木栅栏，通常情况与"閒"并不相关，只在"空閒"的意义上有时写作"閑"。汉字简化后，"閒"字被废除，"忙閒""空閒"都得写为"闲"。读 jiān 的"间"堂而皇之地得了正统。間行閒废，后起的"間"通行于世，早先的本字"閒"反而废弃不用，这在汉字的使用过程中比比皆是。

闲人免进，如果译成白话就是：要是你没有事，就不要进来。比较一下，你不得不赞叹文言的魅力。五四运动以后，提倡白话、废除文言成为时尚。事实上，白话只用于口头交流，没有人用纯粹的白话写出好文章，可见文言并没有被废除。现代人的写作，总是文白互见、相融相济。文言简洁凝练，蕴含宏富，能真正体现汉语的优美。自然，除了特定场合，就没有必要要求青年学生写作文言文。同样，把文言翻译成白话也并不可取，尽管这类东西在书摊上随处可见，甚至到了泛滥成灾的地步。

成语典故是千百年来文言文使用的结晶，算得上文言中的文言，是白话所不能取代的。台湾诗人余光中在外文研究所当所长时，将但丁的原文贴在门楣上，译成白话："放弃希望吧，所有进来的人！"可以说，淡而无味。如果译成文言："入此门者莫存幸念！"可以吓倒鬼神。年轻人要学习、认识传统文化，还得要熟悉、背诵文言文，白话翻译是没有用的。我常对学生说："懂的不看，看的不懂。"因为很难翻译准确。吉林大学金景芳老先生说："你不译，人家读原文，慢慢体会，虽一时不解，但不至于错；你译了，一旦译偏，贻害无穷。"

卧病在床

第 29 届夏季奥运会在北京举行，两百多个国家与地区的上万名选手聚集北京，摘金夺银，真是全世界体育健儿的一次盛会。他们平常超强度的训练，非常人所能想象，在期盼他们捧杯的同时，更让我牵挂他们的伤病。健康与伤病就是这样难以分割。这里用“卧病在床”为题，重点讲一讲汉语里的“病”字。

中国古代，身体出了大问题，包括受重伤，都叫“病”。《左传》记成公二年“齐晋鞌（ān）之战”，晋军主帅郤克受了箭伤，他一边击鼓一边对驾车的解张说：“余病矣！”解张说，一开始交战，箭头就射进他的手部，穿到他的肘，血染红了车子左轮，他“岂敢言病”？担任车右安保的郑丘缓也说：“然子病矣（您确实伤得很重）。”驾车的解张鼓励主帅坚持下去：“若之

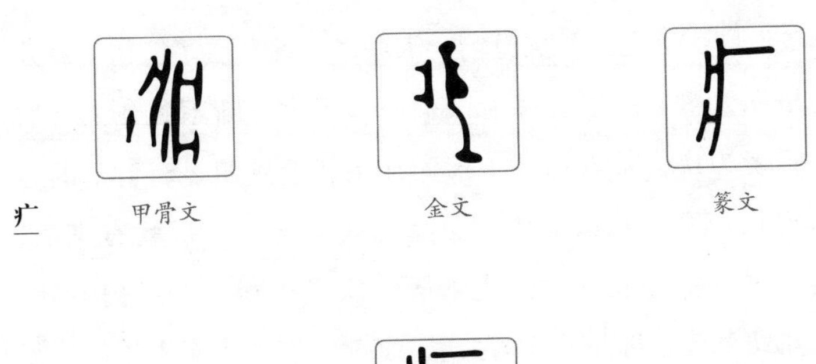

疒 甲骨文 金文 篆文

病 篆文

何其以病败君之大事也？”“病未及死，吾子勉之。”最后晋军战胜齐军。一连用了五个“病”字，都是指受伤很重。我们很形象地说“卧病在床”，指起不来了，可见是重病重伤。

甲骨文记录人的疾病有一二十种，还分得细，如“疒足”“疒齿”“心疒”等。其写法像人卧于床身上冒汗。“牀”字左半边是床形，加个匕（人），中间两点表示“出汗”。后来省去“汗”点，只有人和床。小篆又有省简，保留病床，就是“疒”了，这是“病”字的初文。《说文》云：“疒，倚也，人有疾病，象倚箸之形。”与甲骨文字形吻合。疒与病，古音同在阳部，“疒”做了偏旁广泛使用，造“病”字以别。后来病床的“牀”，在字的演化过程中，从甲骨文“丬”到篆文“牀”，加“木”，示意病床是木头做的。与此有关的“疾”，本是“从大从矢”。“大”是人，矢是箭，人中了一箭，受了箭伤，算外伤。早期，粗劣的木质弓箭，杀伤力不大，断不致死人。所以，轻者为疾，重者为病。疾病连用，差别明显。射来的弓矢来得快，字又从人从矢，会意人走如矢飞，疾就有飞快、急速之义。疾如流星、疾走如飞、疾足先得、疾风扫落叶、疾风知劲草等，都是此义。“病”字就没有这个意思了。病得受不了，所以有病痛、伤痛，延伸就有悲痛、苦痛、沉痛、惨痛之说。“疾”毕竟也是病，一般疾病加重了，得说“疾甚”。疾病都令人不快，“疾”引申就有“憎恨”义，《论语》有“君子疾夫舍曰欲之而必为之辞”，君子讨厌不说真话而说假话。又引申出“嫉妒”义，《史记·孙膑传》：“庞涓恐其贤于己，疾之。”庞涓害怕孙膑本事超过自己，就嫉妒孙膑。

古籍中记录很多贵族、名人生病的事。《韩非子·喻老》载有扁鹊见蔡桓公的事，名医扁鹊初次见蔡桓公，告诉他，“君有疾……不治将恐深。”第二次见，扁鹊告诉他：“君之病在肌肤。”显然很重了。第三次见，扁鹊就说：“君之病在肠胃。”由肌肤进入腹内了。疾与病分得清清楚楚，不含糊。《论语》载：“子疾病，子路使门人为臣。”“疾病”连用，不是一个词，可见孔子的病是由轻转重的。这样理解才准确。《左传》载，成公十年，晋景公得病，派人到秦国请名医来治疗。景公梦见两小儿谈话：一个说，医生来了我们怎么办？一个说，我们躲在“肓之上、膏之下”，医生就拿我们无法了。古人把心尖脂肪叫膏，心脏和膈膜之间叫肓。医生来了经过诊断，认定病入脏腑，不可救药。成语“病入膏肓”源本于此，形容无药可治，也用来比喻事态已经严重到不可挽救的地步。

人的生老病死虽是自然规律，不可避免，而健康长寿总还是做得到的。古今不少有心人总结出若干长寿秘诀，简言之，不过生理、心理两个方面。生理指饮食起居，要遵循生活规律：早睡早起，运动健身，防止病从口入，饮食有节。心理则注重修养，讲究为人处世之道：宽厚平和，开朗热情，坦诚无欲，笑对人生。

一百年前，国弱民贫，我们中国人被人称作“东亚病夫”，何等耻辱！看今天，经济腾飞，民富国强，健康的笑容显示国人对未来的自信。圆百年梦想，北京奥运的成功举办，中国人最为开心。

现代奥林匹克运动创始人顾拜旦说得好：“生活的本质是奋斗，不是索取。”他提倡体育运动，让人们远离疾病。顾拜旦的本意：有了强壮的体魄，就得为社会做贡献，健康长寿才有意义。

天增岁月人增寿

年终到了，人们都有共同的感受：天增岁月人增寿。我们就不妨认识一下“寿”字。

甲骨文的寿字，十分简明，写作（古文字“畴”即“寿”）。其中两个□像两块土地；中间一曲线，像田间的水流、灌溉的沟渠。实际就是田畴之“畴”最早的写法，文字学叫“初文”。不难看出，初文的寿，是农耕社会的反映。《说文》将它收录为“畴”的异体，说明最早还是一个字。

田间渠水悠长，绵绵不断，引申就有长久义。人们希望生命就像长流之水，这就是长寿之寿。为了区别，就在初文寿字上加一个义符“老”，明确是指人的长寿。“老”字本有长寿义，许慎说“七十曰老”，古语有“人生七十古来稀”。《说文》将寿归入老部，“从老、省”，还是长久之义。繁体的“壽”字，有

口，又有寸（手），即手举酒杯敬酒，祝人长寿。围绕长寿理解寿字，大体也说得过去。

长寿是人的希望，祈祷的“祷”从寿，古音相同。人生不满百，毕竟短暂。曹操有“对酒当歌，人生几何，譬如朝露”的感叹，苏东坡有“哀吾生之须臾，羡长江之无穷”的遗憾。人们乐意向上天、向神灵祈求就好理解，祈祷的主题还是长寿。

帝王自以为与众不同，不仅要长寿还要追求长生不老。这就有秦始皇派徐福带数千童男童女到海外仙岛采不死之药，成就了日本国民是华夏民族血统的传说。后来日本人侵略中国，他们自己也承认了同文同种。汉武帝雄才大略，其晚年迷于设祠封禅，为的是“不死”。雍正皇帝继位后，重整朝纲，本有作为，却相信道士的炼丹之术可以长生不老，结果误食丹药死于非命。可见，长寿不死是不可强行祈求的。

有人写文章说，寿命最长的帝王是乾隆，八十八岁驾崩。其实，周穆王才是长命天子。《史记》载，他五十岁即位，在位五十五年。很多文献也证实穆王在百岁以上，而当今有的史学家却不相信这个事实，以推翻司马迁为荣，岂非咄咄怪事?

生命的长短是相对的。《庄子·逍遥游》说，朝生暮死的朝菌，活不到一天；寒蝉活不到一年，不知春秋；冥灵树“五百岁为春，五百岁为秋”；大椿树“八千岁为春，八千岁为秋”。传说中的彭祖，据说活了八百岁，是最长寿的人。仅仅是传说啊!

宇宙的年龄，太阳系的年龄，地球的年龄，都是以万年、亿年来计算的。比较而言，人类的生命的确年轻。我相信恩格斯说的“人类还在幼年”，还很幼稚。上天给了我们无穷的太阳能源，我们却无法利用，还深感能源危机；上天给了我们无尽的海洋之水，我们却不能开发，现实是生命之水已经被严重污染。我们毁林开荒，我们开山取矿，把居住的家园搞得千疮百孔。这就像一个不懂事的孩子在玩火，难免有自毁家园的一天。

我们的祖先尊重生命，所谓“留得青山在，不怕没柴烧”，所谓“人在一切在”，把理想寄托于生命，寄托于创造。汉字的丰厚文化内涵，一个“寿”字竟有三百个不同的写法，“百寿图”“双百寿图”是祝寿的最好礼物。以“寿”字为中心，中国人创造了无数的艺术珍品。日常生活中的服饰、器物、家具、住房，一个“寿”字就熠熠生辉，让我们感到生命可贵，“寿”字的光芒无处不在。科学实验证实，有善心、行善事的人大部分都长寿。这又符合中国的传统礼教。你想长寿，多行善事吧！

生命是短暂的，而我们自己却要活得有意义。要“生的伟大，死的光荣”。我们还要记住文天祥的诗句：“人生自古谁无死，留取丹心照汗青。”保尔也是我们的榜样，当回首往事时，我们也能“不因碌碌无为而羞耻”。

如丧考妣

“如丧考妣”是《尚书·舜典》中的话。五帝时代，帝尧将帝位传给舜，帝舜继承帝位二十八年后，帝尧逝世了。人们像死了父母一样悲痛，三年间，全国上下一片寂静，断绝了乐音。原文是“帝乃殂落，百姓如丧考妣”。死去的父亲称“考”，死去的母亲称“妣”，盖源于此。启蒙读物《幼学故事琼林》进一步解说：“父死何谓考？考者成也，已成事业也。母死何谓妣？妣者媲也，克媲父美也。”帝尧的功劳业绩的确无与伦比，孔子评价极高：“惟天为大，惟尧则之。荡荡乎，民无能名焉！”尧的功绩如天大，功德广大无边，老百姓无法用言语来称赞。帝尧逝世令天下人悲痛，如丧考妣，“三载，四海遏密八音”。自己的父母逝世，居三年之丧，依据也在这里。父母有养育之恩，父母于己，功绩如帝尧，这是孝子的心态。

丧　甲骨文　金文　篆文

如丧考妣，“丧”字值得考究。《说文》云：“丧，亡也。从哭从亡，会意，亡亦声。”这就是“哭亡为丧”，是对小篆字形的分析。《说文》云：“哭，哀声也。从吅，狱省声。”声符是“狱”的简化，与“犬”无关。狱狱，描写哀哭之声。吅，读xuān，“惊呼也”，指大声地哭。司马迁《史记·孔子世家》载，孔子不得志，郑国人说他“累累若丧家之狗”，史迁用了俗语“狗”，即“丧家之犬”。丧从哭，哭下是“犬”，郑人借“丧”字的分析有调侃孔子的嫌疑。

丧的甲骨文为，为形声字，三个口为形符，中间的“桑”为声符。三口表示众人哭丧。金文是四口，上是“噩”字，下是“亡”字，“噩亡为丧”。后人遵从许慎小篆的解说。

上古社会，人死本为平常，“不封不树”，草草掩盖，不堆土也不立标志，大概一直延续到殷商。周公制礼作乐，创立周文化，“祖述尧舜”，丧葬之礼也就隆重起来。以帝尧死三载无乐为榜样，规定三年之丧，子女为父母守孝三年。《史记·鲁世家》一段文字值得一读：“鲁公伯禽之初受封，之鲁三年而后报政周公。周公曰：‘何迟也？’伯禽曰：‘变其俗，革其礼，丧三年然后除之。故迟。’（姜）太公亦封于齐，五月而报政周公。周公曰：‘何疾也？’（太公）曰：‘吾简其君臣礼，从其俗为也。’”一个是“不简不易、民不有近”的鲁文化，也就是周文化；一个是“平易近民、民必归之”的齐文化。齐文化是殷商文化的延续，有深厚的民众基础，这就决定了而后的齐强鲁弱，鲁国北面事齐，最终灭于齐。

周鲁文化“礼崩乐坏”，孔子加以继承发展，借助开办私学而发扬光大。《孔子世家》载，孔子到齐国欲推行“君君、臣臣、父父、子子”的儒家一套礼制，遭到齐相晏婴的反对。晏婴批评儒家“崇丧遂哀，破产厚葬，不可以为俗”，“繁登降之礼，趋详之节，累世不能殚其学，当年不能究其礼”，不能拿来给百姓做表率。笃守齐文化的晏婴指出儒学的崇丧厚葬、礼仪烦琐，说到了要害。孔子一生不得志，也绝非偶然。

孔子死，“弟子皆服三年，三年心丧毕，相诀而去……唯子贡庐于冢上，凡六年”。这一套礼制就全靠孔门弟子四处传播了。儒家经典《仪礼》《礼记》对丧葬、丧服、奔丧、问丧、祭法、祭义都有很多记载，诚如晏婴所说，普通人一辈子也学不完。直到汉朝，标榜以“孝”治天下，独尊儒术，儒学成了两千年封建社会的治国之本。借助政治势力，儒家的丧葬制度也得以推行。

孔子说：“子生三年然后免于父母之怀。夫三年之丧，天下之通丧也。”儒家文化宣扬忠孝，崇丧厚葬是孝子回报父母，影响及于当今。不过，大多数人并不遵从“守孝三年”。随着佛教的传入，信奉者日多，上自帝王，下至百姓，逐渐接受了七日祭祀一次的佛法，七七四十九日终结，这叫“做七”。父母去世，家人得“做七”，燃放纸钱又叫“烧七”，民间至今还在行用。

“丧”字有两个读音：名词读平声 sāng，婚丧、丧事、治丧；动词读去声 sàng，丧失、丧命、丧气之类。这已是常识了。

美梦成真

汉语中，表达祝愿的词语很多，我最感兴趣的是“祝您——美梦成真”。美梦成真，很幽默，很俏皮，也耐人寻味，似乎还有反话正说的效果。回想百年之前，中国积贫积弱，举办奥运会只是梦想，一个难以实现的梦想。改革开放以来，民富国强。2008 年北京奥运会终于把梦想变为现实。奥运火炬在全世界传递，传递的是中国人百年的梦想。满天下华人扬眉吐气，我们都见证了美梦成真。借此说一说“梦”字。

夢，简化字作梦。《说文》在“夕部”，夕指夜晚，朝夕的夕。“不明也”，本义是夜晚看不清。夢，又做㝱的借字，夢行而㝱废矣。《说文》540 部，收㝱部，寐、寤、寎、㝅等字，把未、吾、丙、言，替换成“夢”，就是本字。《说文》解释本字：寐而有觉也。从宀从疒，梦声。寐而有觉，即睡眠中神思游

梦 甲骨文 金文 篆文

动，大脑里还有影像活动。《说文》还引《周礼》“以日月星辰占六梦之吉凶”。依郑玄的解说：一曰正梦，无所感动，平安自梦；二曰愕梦，惊愕而梦；三曰思梦，觉时所思念之而梦；四曰寤梦，觉时所道之而梦；五曰喜梦，喜悦而梦；六曰惧梦，恐惧而梦。古人归纳为六梦，大体也全都包罗了。人人都会做梦，自然会有人信梦；有人信梦，就有占梦、解梦。《周礼》记载“占六梦之吉凶”，说明自古就有占梦术。时至今日，地摊上《周公解梦》也还有市场。

梦，是睡眠时迷迷糊糊的幻觉。词语就有睡梦、迷梦、幻梦、好梦、噩梦，含有故事的成语有黄粱梦、南柯梦。唐代传奇《枕中记》里说，卢生自叹穷困，道士吕翁给一枕头，卢生梦入枕中享尽荣华富贵，一觉醒来，店家的小米饭还没熟，也作“黄粱美梦”。南柯梦，指唐代传奇《南柯太守传》所写，淳于棼梦入大槐安国，娶公主、做太守，富贵荣华，显赫一时，醒来发现大槐安国竟是大槐树下的一个蚂蚁洞，所谓南柯不过是槐树的南枝。还有“蝴蝶梦”，指杂剧剧本，有《庄周梦蝴蝶》写庄周诈死化蝶试探妻子是否守节，又有关汉卿《包公三勘蝴蝶梦》。这些在戏剧剧目中还算是很有影响的。此外，成语痴人说梦、戏曲《游园惊梦》、古典小说《红楼梦》，都已是人尽皆知。

写梦的诗文，就不计其数了。《诗经》第一篇就有“窈窕淑女，寤寐求之；求之不得，寤寐思服”。梦中追求，梦中思念。南朝沈约，数次梦里寻找好友范安成而不得，吟诗道：“梦中不识路，何以慰相思？”南唐后主李煜《浪淘沙》有“梦里不知身是客，一晌贪欢”的名句。唐诗“可怜无定河边骨，犹是春闺梦里人”，写丈夫已经战死沙场，妻子不知凶信还在日夜思念着他，极其悲苦啊！又，丈夫从军辽西，妻子不能看望，只好把希望寄托于梦境：“打起黄莺儿，莫教枝上啼。啼时惊妾梦，不得到辽西。”李商隐有《锦瑟》，“庄生晓梦迷蝴蝶，望帝春心托杜鹃”，算是回首往事的悲伤文字。杜牧悔恨自己青年时的放荡，有诗“十年一觉扬州梦，赢得青楼薄幸名”。陆游感怀爱妻唐婉死去四十年，思念前情，有诗道：“梦断香消四十年，沈园柳老不吹绵。”沈园当年的柳树已老，柳絮不再飘飞了。当代伟人毛泽东有“别梦依稀咒逝川，故园三十二年前”的诗句，也算无人匹敌。

梦境写得极好的完整诗篇，有李白《梦游天姥吟留别》，堪称千古绝唱。以梦游驰骋想象，驱使神仙罗列成群，虎鼓瑟，鸾回车，日月朗照，丘崩峦裂，勾绘出一个奇异瑰丽的神仙世界。“列缺霹雳，丘峦崩摧。洞天石扉，訇然中开。青冥浩荡不见底，日月照耀金银台。霓为衣兮风为马，云之君兮纷纷而来下。虎鼓瑟兮鸾回车，仙之人兮列如麻。忽魂悸以魄动，恍惊起而长嗟。”有人评说：“非太白之胸次笔力，亦不能发此。”别的人是写不出来的。

写梦的词，最好的，非苏东坡《江城子·记梦》莫属。“十年生死两茫茫，不思量，自难忘。千里孤坟，无处话凄凉。纵使相逢应不识，尘满面，鬓如霜。”——这是写梦前思念亡妻。“夜来幽梦忽还乡，小轩窗，正梳妆。相顾无言，惟有泪千行。”——这是写梦中与妻子相见。“料得年年肠断处，明月夜，短松冈。”——这是写梦后的悲伤。一首追悼亡妻的词，没有任何粉饰，只有真挚的感情。

品德修养

慎于『言』

孔子说："君子食无求饱，居无求安，敏于事而慎于言，就有道而正焉。"慎于言，说话谨慎。这是孔子对"君子"的要求之一。我们就先说一说"言"字。

言，篆文作言，从口，䇂（qiān）声，是个形声字。䇂，从干、二。二，古文"上"字。干戈的干，是盾牌，一种防御武器。别人进攻，你防御，对进攻一方就是冒犯。干涉、干扰、干预、干犯就取义于此。干上，就是犯上。下加一口组成"言"字，即说话会犯上。正如电视剧《大明宫词》里太平公主的乳娘春妈妈说的，"嘴会给人带来灾难"。所以君子要"慎于言"。这就不仅仅是儒家道德标准了。

百个人百个心思，各人想的不一样。你把想法说出来，与别人不同，就等于冒犯了别人。怎么就"犯上"呢？说话的对

言 甲骨文 金文 篆文

象主要是长辈、平辈，长辈当然是“上”；对平辈要“兄事之”，像对待自己的兄长，自然也是“上”。

说话会犯上，这是一种消极观念。这里的“消极”并非贬义，指处世的原则。从积极的角度说，出谋划策，劝慰鼓励，对别人都有好处，本不存在冒犯。俗话说：“病从口入，祸从口出。”病从口入，指饮食的节制，不是想吃什么就吃什么，不能想怎么吃就怎么吃，乱吃会吃出病来；祸从口出，指待人的修养，不是想说什么就说什么，不能想怎么说就怎么说，乱说会惹出祸来。这就如同长辈对年轻人的谆谆教导，要求年轻人约束自己，不得随心所欲。可见造字之初，华夏民族的隐忍、含蓄、内敛、谦让的共性已经形成。中国人的克制、中国人的低调、中国人的刑仁讲让，是几千年的民族传统啊！我们今天的和平发展，与数千年的民族精神是完全一致的。比较希特勒自称日耳曼人是世界上最优秀的种族，弹丸的岛国不自量地自称“大日本”，我们中华民族的谦恭礼让的确堪称伟大。礼仪之邦，这是全人类历史的认定，又不是我们自己标榜的，也用不着我们自己标榜。

总之，任何人的一言一行都把他的学识与修养暴露在光天化日之下。言，就不仅仅是一个说话的问题了。首先得有好思想、好品质，才会有高雅的言谈举止，才配称君子。君子、小人是一个对立的概念，传统文化要求我们做君子，不做小人。普通人得修身，见贤思齐，逐步培养自己成为道德高尚的君子。这当然不是喊几句口号就办得到的，得有切实可行的具体行动，“慎于言”就是对每个人的具体要求。说话不谨慎，胡言乱语，胡说八道，还谈什么修养呢？

生活饮食不追求满足，居处环境不追求舒适，办事敏捷不拖拉，说话谨慎不妄言，这是人人都做得到的。孔子教学生，讲授得法，就是从点滴做起，切忌空谈。这也正是几千年传统教育的优越之处。

仁德之『仁』

影响中国社会两千多年的儒家道德观念，其核心是一个“仁”字。什么是“仁”？我们有必要认识认识它。

《说文》：“仁，亲也，从人，从二”子子孙孙，金文作“子=孙=”或“子孙==”。张汝舟先生以为这是六书的转注造字法。意思很明白，人人相亲叫“仁”。

周公“制礼作乐”，开创了周文化，就是后来的鲁文化，孔子加以继承发展形成了儒家文化。孔子学说的本质是提倡“人人相亲”。人活在世上，最重要的是处理好人与人的关系。处理好了就叫仁、仁者。这也是道德高尚的君子必须具备的基本修养。

人与人有些什么关系？站在自我的角度，不外是三个层面：自己的长辈、自己的同辈、自己的晚辈。怎么对待长辈？“老

仁　甲骨文　金文　篆文

吾老以及人之老”，如同对待自己的老人（指父母）那样对待其他人的老人；“不独亲其亲”，不能只对自己的父母亲切；“孝乎惟孝”，孝顺父母。怎样对待同辈？“四海之内皆兄弟也”，年龄相仿的如同兄弟姊妹，“友于兄弟”，敬重他人如同兄长。怎样对待晚辈？“幼吾幼以及人之幼”，如同爱护自己的子女那样爱护其他人的子女；“不独子其子”，不能只关爱自己的子女。这就是“仁”。儒家的道德准则就这么朴实，没有任何玄妙。其实，世上的真理都是简明而实用的。

孔子的学生曾子有“任重而道远”的感慨：“仁以为己任，不亦重乎？死而后已，不亦远乎？”看似简明的“仁”，真正做到，是一辈子的事，不容易啊！所以孔子说：“志士仁人，无求生以害仁，有杀身以成仁。”孔子以为，“仁”比生命还重要。不因怕死而损害了仁，只会牺牲生命来成全仁。

中国古代哲学讲阴阳协调，万事和谐。孔子学说的“仁”，就是和谐的最好体现。

汉武帝“独尊儒术”后的儒家文化，变质成了帝王文化，强化“三纲”：君为臣纲，父为子纲，夫为妻纲。其要害是维护封建帝王统治的“君为臣纲”。孔子赞扬“选贤举能”，孔孟赞颂“汤武革命”，可见“三纲”不属于儒家文化。认真研究会发现：近百年所批判的儒家文化，也不是真正的儒家文化，而是帝王文化。作为儒家文化核心的孔子学说是中华文化的重要组成部分，孔子倡导的“仁”，还是应该发扬光大的。

古圣先贤造出了“仁”字，只有孔子才将它阐释得明明白白，揭示了先贤造字的初衷。孔子通过他的弟子向大众说法，把远古先贤的精义传扬千秋万代。孔子不愧是中华文化承先启后的一位值得永远敬重的伟人。

新年说『鞠躬』

成语“鞠躬尽瘁死而后已”，出自诸葛亮的《后出师表》，表达他为国家决心奉献自己的一生。鞠躬，不过是弯个腰、低个头，表示恭敬谨慎。而“鞠躬”的重大意义，在于它是奉献的诚意、奉献的起点。弯个腰都办不到，还空谈什么奉献、贡献！西方洋人面见清朝皇帝，就是不愿意下跪，认为这是一种屈辱。拍洋人马屁的说，洋人的腿是直的，弯不下去。其实，洋人的眼里是傲视，心里是傲慢，毫不把你放在眼里。蔑视你，轻视你，对你还讲什么礼仪！腰板子是硬硬的，腿是直直的，当然不会作揖、下跪。

华夏自古就有礼仪之邦的美称，各式各样的礼节，说不完、道不尽。《大戴礼记》载有“九礼”，指古代九种礼制，即冠、婚、朝、聘、丧、祭、宾主、乡饮酒、军旅。后来综合一下，

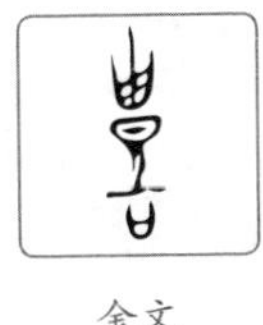

礼　甲骨文　金文　篆文

归纳为“五礼”：祭祀为吉礼，冠婚为嘉礼，宾客为宾礼，军旅为军礼，丧葬为凶礼。这不过是礼节的大类。说到细目，就得明白“九拜”，指祭祀时彼此见面行礼的九种形式，即稽（qǐ）首、顿首、空首、振动、吉拜、凶拜、奇拜、褒拜、肃拜。最恭敬的礼节是稽首，先拜，头伏至地并停留。顿首，拜头叩地。空首，拜头至手，头不着地。按段玉裁的说法，空首曰拜手，省言曰拜。可见，拜，都是要叩头的。鞠躬，是众多礼仪中最简要、最常见的形式，古人曰折肢、折腰，今人叫鞠躬礼。左手包右手，然后行鞠躬礼叫作揖，也是常见礼仪。过去人讲究“作揖磕头”，大体都包括彼此见面的礼节。

《孟子·梁惠王上》有一段话：“挟太山以超北海，语人曰‘我不能’，是诚不能也。为长者折枝，语人曰‘我不能’，是不为也，非不能也。”折枝一语，古来有三种解释：一为折取树枝，二为弯腰行礼，三为按摩搔痒。枝通肢，显然是行个鞠躬礼。我们知道，儒家学说是规范贵族的。战国时期，贵族与平民的界限已经模糊。孟子的意思，就算你是贵族，见了老年人表示尊重，弯个腰总不难吧。孟子接着说了几句人尽皆知的话，

“老吾老，以及人之老；幼吾幼，以及人之幼。天下可运于掌。”他还是在规劝齐宣王这些贵族，尊重所有老年人，关爱所有小朋友，只要这样，称王天下就容易了。

作为有骨气的文人，陶渊明不为五斗米折腰，辞去县令不做，归隐田园。李白有“安能摧眉折腰事权贵，使我不得开心颜”的著名诗句，表达傲视权贵，不肯阿谀屈从的精神。这些都算难能可贵。

儒家文化提倡仁德仁爱，尊重他人就是前提，礼仪礼节就必不可少。自古及今，世代传承。今天的丧礼，对逝者“一鞠躬，再鞠躬，三鞠躬”，表达我们的哀思。今天的婚礼，唱赞“一拜天地，二拜高堂，夫妻对拜”，尊崇天地，孝敬父母，彼此尊重，彰显吉日喜庆。大年初一，小辈给长辈拜年，磕头虽已少见，拱手作揖、行个鞠躬礼还是少不得的。

华夏礼仪影响着周边民族，在韩国、日本，“礼多人不怪”，人们见面鞠躬已成习惯；在泰国，学生给老师下跪是正常的礼节。我们对自己的传统礼仪，也应该有所继承和发扬。

恭敬与『出恭』

文言文以单音词为主，由于汉语注重骈对，使用起来，往往两两并用。这就出现很多同义复词、反义复词。虽是同义复词，还得注意它们的细微差别。

恭与敬，在“谦逊有礼”的意义上是同义词，分开讲又有差别。恭，着重在外貌、行为上的谦恭；敬，着重内心的严肃，思想深处的谦恭。这就是“在貌为恭，在心为敬”。做到表里如一，才算真正的恭敬。《论语》载：“居处恭，执事敬，与人忠。”安静的时候，要行为端正；从事工作时，要严肃认真；对待他人时，要诚意忠心。这是孔子对门人弟子的要求。

恭敬，表示谦逊、谦让的礼仪、礼节，做谦辞使用，指有礼貌的辞谢、辞让、回绝，有常用语“恭敬不如从命”。

双音的复词，在没有固定成一个词的时候，它们的组合还

恭　　篆文

比较自由。恭、敬，可以组词说：恭恭敬敬、毕恭毕敬、不恭不敬、出恭入敬、外恭内敬……

《说文》收“恭”字在“心部”，“从心，共声”。下面的“㣺”是“心”的变形，正如“忄”是“心”的变形一样。“共”从廾，廾指两手上举奉物。共，“从廿、廾”，廿是二十并也，二十人皆竦手是为同，所以“共，同也”。供奉、供给、供养，古籍皆用“共”字。共是初文，“供”是后起字。同音字有“龚”，最早的写法是“龏”，“龙”下是“廾”，两手奉龙之形。“龙”是华夏民族的共同图腾，人人敬奉。“龏”后写作“龔”，简化作“龚”。龏，当是恭敬之恭的原形。共同、供奉，如同两手奉龙的“龏”，都得心诚，显其恭敬。由廾而共，而龏，而恭，而龔，而供……汉字就是这么不断演变发展的。

明朝科举盛行，考场纪律严格。京城殿试，大臣监考，皇上巡视，场面是很堂皇的。考试时间长，少不得有人“三急”要出出进进。为方便举子进出，考场设有“出恭入敬牌”，要方便者，得申领此牌，挂于胸前，才可到指定地点方便，事后迅速交牌回位。

牌子是“出恭入敬”，意思是恭敬出入，轻去轻回，不得喧哗，不得惊动他人。领牌是为了如厕解急，摘取牌子的前两个字“出恭”，就成了“如厕”的代称。尔后，凡行方便，就说“出恭”。引申开去，大便称“大恭”，小便称“小恭”，放屁称“虚恭”；就是盛屎尿的便桶也有了雅号，叫“恭桶”。

这就是汉语词汇意义的引申，由“恭”“敬”还引申出一大批鲜活的新词：恭维、恭候、恭贺、恭顺、谦恭、敬礼、敬业、敬语、敬意、尊敬、致敬、回敬、失敬……还是那么一些字，组成若干新词，其表达内容就更为丰富了。

孝为先

中国人讲孝道，有几千年的历史了。启蒙读物《三字经》《弟子规》都强调“首孝悌”，把“孝于亲”摆到最重要的位置。《三字经·天生物》开篇就讲“明伦”，重点是说孝顺父母的具体措施：“为人子，念父母，养育恩，难尽数。孝顺事，至微妙，每日间，须尽道。清早起，要问安。洗脸水，捧必端。有饮食，敬爹娘，若未至，莫先尝。”《弟子规》说：“父母呼，应勿缓。父母命，行勿懒。父母教，须敬听。父母责，须顺承。”

启蒙读物还有《四字经》，说道：“堂上父母，须当孝敬。父母教训，莫犟宜遵。无非望你，成个好人。切勿躁暴，触怒双亲。”又说：“父母呼唤，声喊声应。凡有指使，即刻动身。”我们从中至少明白两点，一是从小抓起，强调幼儿教育，“一张白纸，好画最新最美的图画”；二是从小事抓起，具体可行，不

孝　甲骨文　金文　篆文

要有空洞的说教。

民国时期的新式学堂正好丢掉了这两条，我们小时候一年级课本开篇是“来来来，来上学；去去去，去游戏”；再后来，学校的教科书开篇就是“万岁”“万岁”。不能不说，这正是新式教育的最大缺陷。

做到了孝顺父母，当然是不够的，还得“老吾老以及人之老”，尊敬所有的老年人。这样，传统的“孝”就包含了两个内容：孝顺父母，尊敬长辈。能够孝亲，自会尊老；对父母不孝，就更谈不上敬老。所以，孝是为人的根本，孝也是家庭和睦的前提，是社会和谐的基础。

古人造“孝”字，也体现了尊亲敬老的道德内涵。《说文》孝字在老部，“从老省，从子。子承老也”。老在上，子在下。儿女辈理当尊老，善事父母。

《诗经·小雅·六月》云：“侯谁在矣？张仲孝友。”这是周宣王时候的诗，肯定张仲是一位孝子且能友于兄弟。这无异于给孝子张仲做宣传。《四字经》更赞扬古代二十四孝，从虞舜、曾参、闵子、子路，到董永卖身葬父、黄香九岁温衾、孟宗泣竹、王祥卧冰……孝子们“万年留名”。他们都是前古行孝的榜样。“你孝父母，儿孝你身”，强调孝行的传延。

《论语》载：“子曰：弟子，入则孝，出则悌。”这是孔子对学生（弟子）的要求，在家（入）也好，出门（出）在外也好，都得孝敬长辈，友于同辈。这里的入、出是互文，如同“万水千山”，彼此补充，不能理解为在家才孝，出门才悌。

小时候读过这样两句好文字，至今记得：“堂上自有现存佛，何必灵山朝世尊。”要你在家好好侍奉父母，不必到处求神拜佛。《四字经》说：“烧香拜佛，何不敬亲？孝心感天，胜似看经。”父母就是佛，孝顺父母才是根本。

当今社会讲和谐，尊亲敬老已逐步形成风气。学校也在认真从幼儿抓起，感人的事迹经常有报道，的确令人欣慰。中华民族的传统美德也为周边民族所认同。有人告诉我，韩国有些企业招聘员工，很看重他是否孝顺父母。不孝顺父母的人，的确不应该给他一份美差。

积善成德

战国末期出了一位大学问家叫荀况，也算儒家一派，只不过孟子成了儒家学说的正统，荀子的影响就小啦。荀况受到各学派的影响，成为先秦诸子中一位集大成者，这是可以肯定的。他写的书叫《荀子》，现存三十二篇，最著名的一篇是《劝学》，鼓励学习，凡读书人都是要读的。他在《劝学》中写道："积土成山，风雨兴焉；积水成渊，蛟龙生焉；积善成德，而神明自得，圣心备焉。"其实就一句话，积善成德则圣心备。长年累月行善事，就具备了圣人的思想品德。善，是荀子的思想，也是儒家的思想，更是中华民族的传统美德。

我曾经思考，什么样的人是好人，有没有一个简洁而明确的标准？后来我明白，标准应该是两条：尊老，行善。一是孝顺父母，尊敬长辈；二是广行善事，乐于助人。有孝心，还得

善　金文　篆文

有善心，才是完美的。过去地方开明人士出资修桥补路、灾年熬粥施放，当今的企业家捐资扶贫、捐资助学，都是善举。行善的对象，则是社会的弱势群体。这种行善具有公益性。香港大富霍英东艰苦创业，将很大一部分资产捐赠给了慈善事业，不愧是广行善事的典范。善的另一面是乐于助人，积极热情帮助他人解决困难，急他人所急，无私心私利。这种行善具有针对性。在我们身边，乐于助人的事迹比比皆是，这正是华夏文明的体现。国家民政部于 2005 年设立了“中华慈善奖”，提倡全民慈善，这是弘扬中华文化的正确举措。2006 年获得“中华慈善奖终身荣誉奖”的是香港的李嘉诚。事实说明，“慈善行动，人人可行”。

善，《说文》在誩（jìng）部，“从誩、从羊。篆文善从言。”羊为善良的动物，故从羊；羊的温顺善性以叫声为标志，故从言。言即音。从二言即二音，指群羊鸣叫。从二言从羊会意，表示善良、吉祥。因为形体烦琐，省去一言，善就从言从羊会意。

善与美、义（義）都从羊，其义亦同，如尽善尽美，善即美也。依正道而行为义，即顺应自然规律，则义则美。《老子》言："天道无亲，常与善人。"大自然不私亲，经常帮助善良的人，也就是善有善报。老子强调的还是顺应自然，无为而治。

一般人认为，儒家讲孝，佛家行善。信佛的人的确得具备善心善性，"放下屠刀，立地成佛"，强调的还是善。佛学从印度传来，要在中土立足，当然得借助儒家的温良恭俭让，借助华夏民族的善良美德。佛家成功了，是因为佛家把自己融入了中华文化。中华文化有"三教九流"之说，证实释（佛）家已经得到了华夏民族的认同。

善是形容词，美好、善良之义；也常用作动词，擅长、善于是也；常用成语有善始善终、善贾（jià）而沽、善罢甘休等。

长辈教育我们："不管做什么事，都要心存善念，因为善有善报、恶有恶报。"现代科学已经证明，心存善念身体好。当一个人的思考是乐观、祥和、感激、快乐时，人脑中的正向思考神经系统会产生作用，它分泌的神经传导物质具有刺激细胞生长发育的功能。神经化学这门学科让我们明白，你总是存善念、行善事，乐观、祥和，健康长寿就是善报。

和为贵

汉字的组合，形声字最多。有的偏旁，可做形符，也可做声符，我们要能正确判断。“禾”作形符，如稼、私、稷、稻、稚、颖等。和谐的和，从口禾声，声符是“禾”。类似的，如：刀，做形符有切（从刀七声）、刻（从刀亥声）、割（从刀害声）；做声符有到（从至刀声）、钊（从金刀声）。金，做形符的有锡（从金易声）、锴（从金皆声）；做声符有锦（从帛金声）、钦（从欠金声）。这都是基本的文字常识。

《说文》云：“和，相应也。”西周金文从木从口，会意。雀鸟在树枝上鸣叫，此唱彼和，表示“相应”。《周易·中孚》“鹤鸣在阴，其子和之”，用的正是本义。鸟声相应自然协调，引申就是和谐。从木从口，是会意字；改木为禾，从口禾声，是形声字。这是字形的变化。

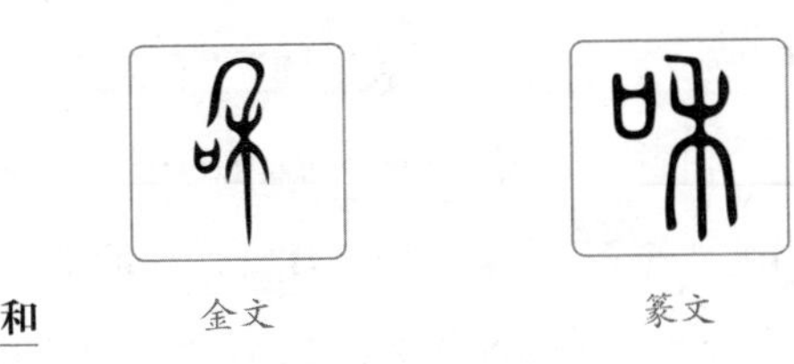

和 金文 篆文

我们说的“和谐”是个形容词，“和”做动词，读去声。《论语》载：“子与人歌而善，必使反之，而后和之。”和（hè）之，和他唱一遍。别人写诗，你和一首，叫唱和、和诗。加水搅拌叫和（huó），和面、和稀泥。这也算常见用法。和，还读 hú，打麻将、打纸牌，表示赢了叫和了。

《论语》载：“有子曰：礼之用，和为贵。先王之道，斯为美；小大由之。”儒家讲究礼仪，目的是和谐。前代的贤圣君王治理国家，可贵之处就是做到了和谐，小事大事都是如此。在孔子的弟子中，最接近孔子思想的是有子（有若），“和为贵”当然是孔子的思想。孔子说过：“君子和而不同，小人同而不和。”君子处事和谐而不盲从附和，小人附和就做不到和谐。孔子的中庸之道，实质还是和谐。我们都记得儒家另一位大师孟子的名言：“天时不如地利，地利不如人和。”就是说，人与人和谐相处最为重要。

道家也讲和谐。老子的“有无相生，难易相成，长短相形，高下相倾，音声相和，前后相随”，是说任何对立的事物都得相依相存，和谐相处，并非你死我活。庄子则更有发挥，提出“心莫若和”“乐以道和”“以乐为和”“和天下”“与人和者，谓之人乐”“与天和者，谓之天乐”。后世的道家创制了太极图，阴阳二鱼相拥相和，你中有我，我中有你，和谐处于宇宙之中。

儒家、道家都尊奉《周易》为经典，《周易》的核心就是阴阳协调、阴阳和谐，万事万物一皆准此。这就是华夏民族的元文化，她贯穿中华五千年文明史，融合、凝聚了中华民族这个大家庭，儒家文化、道家文化是对她的继承与发展。时至今日，我们讲“和谐社会”“和谐世界”，实质是弘扬民族文化。

万事万物本来就不同，矛盾对立客观存在，不可避免，关键是如何正确处理这些矛盾，而不是激化矛盾。沟通、协调、和解、私了、“大事化小，小事化了”，都体现以和为贵。小时候所见邻里纠纷，往往并不送官，而由地方长辈出面说服双方到茶馆吃茶评理，长辈们评判是非功过，理亏的一方心服口服付茶钱了事。喝茶调解，成了家乡的传统习俗。

中华五千年历史告诉我们一个真理：社会和谐，天下大治，人民安居乐业，政治、经济、文化、学术都得以顺利发展；反之，天下大乱，民不聊生，社会必然倒退。这就是治世、乱世给我们的最大启示。和谐社会必须以人为本，只有“人和”，才能“和天下”。

权利与权力

小时候就是分不清权利与权力，大点了才懂得：一般人都有权利，当官的才有权力。当官的高于一般人，权力自然大于权利。

古语里面的权，指的是秤锤。秤是称重量的器具，由秤杆和秤锤组成。秤杆叫“衡”。权、衡连用，算是同义。常用语有：权衡轻重、权衡利弊、权衡得失。秤锤能称物而知物的轻重，这个“权”（秤锤）就显得十分重要。权，在衡量物体轻重的时候起着一种支配作用。《孟子》书中有“权，然后知轻重”，就在强调“权”的作用。引申出去，有支配能力的叫权、权力。古语中的“权”只有权力的意思，不指权利。贾谊《过秦论》有“比权量力”，权、力对举，权与力已不可分。当官的有权势，古称权贵。李白诗“安能摧眉折腰事权贵，使我不得开

权　　篆文

心颜”。

官员是国家任命的，代表国家行使职权，他就有职责范围内的支配能力，有职有权。职位有部长、省长、县长之类，这是“职”；相应的支配能力，就是“权”。地位高权力大，这是肯定的。权力是人民赋予的，这就要求当官的掌好权，用好权，真正地为人民服务。

古人云：贤者在位，能者在职。当官的一定要贤，强调的是道德高尚，当然也包括了应具有相应的才能。贤德，必须是公而无私，秉公执政。当官的有公心，才能做到公平、公正、公开。而两千多年的中国封建社会是一个集权社会，权力高度集中，无民主可言，就很难做到任人唯贤，官场的腐败已经是司空见惯，善良而容忍的平民百姓自然无可奈何。贪腐的事例，贪腐的官员记录在案的比比皆是。滥用权力为民众所痛恶，常用的权谋、权诈、权臣、权术、权宜、权变这些词语大都用于贬义。

清朝乾隆年间四省学政吴省钦，主持科举考试，握权受贿，士人恨之入骨。科场出现一副对联，点名吴省钦无能而又腐败。

对联横批：口大欺天；联语：少目焉能评文字，欠金安可望功名。口天是吴字，少目是省字，欠金是钦字，直指吴省钦胆大欺天，无能评文字又收受贿赂。——这虽是读书人的发泄，亦可见官场的一斑。

当今社会，经济迅猛发展，而官商勾结、权钱交易的行为也并不少见。从曝光的事例看，主要是权力在起作用，官员们以权谋私、自私自利、自取灭亡，最终身败名裂。废除了官场的终身制，有人就信奉“有权不用，过期作废”，抓住还在台上的机会企图大捞一把，实在是错用了权力。

解决贪腐问题，一在制度的完善，不让他们有可乘之机；二要官员注重自身的道德修养，以孙中山“天下为公”为信念，以毛主席“为人民服务”为宗旨。总之，人才培养是关键，有大量的贤人，才可能任人唯贤，才能做到贤者在位。教育，的确是立国之本啊！

说『贪』

媒体时有报道，贪官某某落马，接下来自然是百姓拍手称快。可见普通百姓对贪官污吏深恶痛绝。因为他吞噬的是国家的财产、人民的血汗。

人有七情六欲，七情指喜、怒、哀、惧、爱、恶、欲，这是儒家说法，说的是感情的诸多变化。六欲指人的各种欲望，《吕氏春秋·贵生》讲六欲，注家以为指：生、死、耳、目、口、鼻。耳欲声，目欲色，鼻欲芳香，口欲滋味，还要贵生、贵死。欲望是人生的一种追求，没有欲望反而不正常了。欲望是人的本能情感，是“七情”之一。“情有节”，感情是有节度的，“圣人修节以止欲”，圣人注重修养，制止欲望的过度。这么看，欲望与“贪”的关系就好理解了。

《说文》云：“贪，欲物也。从贝今声。”“贪”是个形声字。

贪　甲骨文　　篆文

今声的字有金、妗、衿、矜、岑、黔、钤、含、念、贪，古音在覃部，韵母是 am。今音覃有两种读音，tán 和 qín。今音今也有两种读音，an 和 en（in）。贪是一种欲望，一种无节制的欲望，就有贪杯、贪吃。贪从贝，贝指财物，主要还是指贪财，爱财为贪。

有了贪官，自会上行下效，彼此勾结，沆瀣一气。这就有买官卖官的腐败现象。他花钱买官，必然要搜刮民脂民膏。所谓“三年清知府，十万雪花银”就是最真实的写照。一个“清”字，够有讽刺意味了。

古人以为“求无厌足为贪”，欲望老是不能满足为贪，即贪得无厌。婪训贪，同义，就有“贪婪”一词。贪婪者会不择手段，行为卑鄙，就有“贪鄙”一词。人之生死有定数，应当“贵生、贵死”，也就是“生的伟大，死的光荣”，否则就会贪生怕死。俗话说，“人为财死，鸟为食亡”，警告贪财者必会自取灭亡。正确的理念应为：君子爱财，取之有道；不义之财不取也。把心态摆正，知足常乐。安贫乐道，是一种很高的境界。

《战国策》讲，孟尝君门下食客冯谖，初来时自称“无能”

没本事，便只能是粗茶淡饭。过了几天，他不满意了，就高唱“食无鱼”“口欲滋味”，追求美食，孟尝君依了他；又过几天，他还不满意，高唱“出无车”，孟尝君又依了他；再过几天，他仍不满意，高唱“无以为家”，家中老母不能供养，孟尝君还是依了他，派人送食物用品供给他母亲。孟尝君身边的人很讨厌这个家伙，认为他是“贪而不知足”。这是一段佳话，千古美谈。其实，冯谖很有本事，故意深藏不露，有意试探，待到孟尝君宽容大度、礼贤下士的品格充分展现后，他才以报效知己的态度为孟尝君出谋划策，使他高枕无忧，长保荣华富贵。冯谖的“贪”是假象，他是不甘屈居人下的奇才能人。

读王勃《滕王阁序》，其中有一句“酌贪泉而觉爽，处涸辙以犹欢”。相传广州之北有一贪泉，饮此水后，廉士亦贪。晋代吴隐之任广州刺史，酌饮贪泉，清操不改，更显廉洁。王勃用此典故，赞扬清廉的官吏。吴隐之饮了贪泉之水，也不改廉洁的心性，真是难能可贵。

儒家以为，“小人闲居为不善，无所不至”，小人闲居独处无人监督，就干坏事，什么坏事都干得出来。君子要“慎独”，“必慎其独”，谨慎对待闲居独处，就是独处也表里如一。毕竟不可能都是君子，所以得有监督机制，不给小人以可乘之机。

强调正面教育，建立监督机制，辅以惩处条例，标本兼治，贪官就无藏身之地了。

处世要『正』

儒家道德注重为人处世，要求能够融入人世社会，与别人和谐相处。怎样才能和谐相处？要有修养，就是要“正”。孔子说：“其身正，不令而行；其身不正，虽令不从。”这好像是对执政的贵族说的，其实对所有人都适用。只要自己行为端正，别人就会信从，自然也就和谐共处了。又说：“不能正其身，如正人何？”自身行为不端正，怎么要求别人行为端正？当然就不可能和谐。对于统治者治理百姓，孔子说：“政者，正也。子帅以正，孰敢不正？”统治者首先做到行为端正，谁还敢胡作非为？治国理政也就容易了。亚圣孟子也说：“其身正而天下归之。”

汉字的“正”，其甲骨文上是□或●，下是止（足趾），应该是从止，●（丁）声，是个形声字。有的金文将上面部件简

正　甲骨文　金文　篆文

化为一横画，就成了“正”。战国金文上再加一横画，成=止。《说文》：“正，是也。从止，一以止。古文正从=。”许慎视之为会意字，止（趾）于一（此）。徐锴说“守一以止也”，指人立在原处，站得端正。许慎训为“是”，“从日、从正”，就是公正、端正。文献中用作形容词、动词，大体符合这个意思。“正”字反写就是“乏”，《说文》引“春秋传曰：反正为乏”，正是止于一，乏就是开步走，出门了。我们今天还说“立正”，强调的还是端正，止于此。

正通政、通征，文献中用得多。孔子的“政者正也”，以正释政；文献“诸侯力征”多作“诸侯力政”或“诸侯力正”。正的征伐义甲骨文就使用了。《甲骨文合集》第33022片：“贞：王正（征）召方，受又（祐）。”征又指赋税征收，正与征通用，也就有赋税征收的意思。

“正”是停留于此，恰恰又是起步的开始。一月是新年的开始，称为“正月”。秦始皇名嬴政，避讳读“政”的音，改正月为“征月”。

相反相成，有正必有歪。正的反义词还有邪，还有变，还有反等。正气、邪气，正面、反面，正常、反常，正门、后门，正体、变体，正例、变例，正房、偏房，正室、侧室，正本、副本，正职、副职，正品、次品，正牌、冒牌，正史、野史，正凶、帮凶，正数、负数，正殿、偏殿，正取、备取……

任何事物都有正体、变体，都有正例、变例，文化人对此要有深刻认识。汉字六书造字，有正体有变体。象形字，独体象形是正体，其余是变体；指事字，加指事符号是正体，其余是变体；会意字，一目了然是正体，看不出的是变体；形声字，形符声符清清楚楚是正体，交错穿插、省形省声是变体。学术研究尤其注重正例、变例。符合规范的、普遍的，是正例；规范之外的、特殊的，是变例。汉语语法，主—谓—宾，是正例；宾语提前是变例。一般动宾关系是正例，使动、意动是变例。汉字多音多义，本字本义正读是正例，异体、异读、引申是变例。诸如此类，不可枚举。

当然，正体、变体，正例、变例也不可绝对。我们用了几千年的汉字，载于文献典籍，理所当然是正体。20 世纪 50 年代，我国搞汉字改革，推行简化字，简化字一变而为“正体”。而今大学文科学生都读不了典籍啦，中华文化承传受影响。

福至心灵

偶然从辞书上翻到“福至心灵”这个词语，感觉微妙。《辞海》上说它是“福运来而心思灵巧”，我从心底里欣赏这个词语。仔细一读，发现清朝人视之为谚语，意思很明白：福运来时，心也灵巧。如同说，“人逢喜事精神爽”。

福的甲骨文[illegible]，酒樽（酉）在左边，“示”是祭坛，在右边，下面还有一双手，意思是：双手捧着酒樽在“示”前敬酒祭献。本义也就是求福。祭献神灵，得有酒水，还得有肉，有瓜果蔬菜。神灵与人一样，也得吃饭。水是生命之源，以酒水代替祭献之物，最为恰当。求福，是祈求人们自己有酒水、有肉、有瓜果蔬菜。自己不缺吃，就是“福”。神灵与人一样，“吃饭是第一件大事”。我以为，上古文化无不与“吃饭”（或食物）有关。福祸相对，有酒有肉是福，无酒无肉没有吃的自然就是

福 甲骨文 金文 篆文

“祸”。

人生下来赤条条，一无所有，有了食物，算是“幸”，幸福连用就好理解。意外的获取，不当有而有，叫“幸”。获得食物，是福又是幸，还是一种机遇。外出觅食，得有运气，可能满载而归，也可能空空如也。所以，有福还得有运，福就包含了福运。《说文》载：“祥，福也。”有酒水是福，有羊也是福。《说文》又载：“禄，福也。”“录，刻木录录”，“录”与“福”无法联系。黄季刚先生说，“录”是“鹿”的假借，声符假借。获羊是福，获鹿也是福。福，始终与食物有关。构成汉字的主体是形声字，声符也兼有意义。原本的声符，一经假借，就难于看出它的本来面目。

甲骨文、金文的福字，半边还像酒樽，小篆福字半边是个“畐”字，由“一口田”组成。拆（测）字的说：一个人有了田，就口不缺吃，自然有福。反正有田就有福。虽已不是造字的初衷，还不至于太离谱，没有离开“民以食为天”的大规矩。

我们的祖先有智慧，教育她的子孙珍惜来之不易的幸福。所谓“祸兮福之所倚，福兮祸之所伏”，福与祸是相互转换的，不会享福，必有灾祸。两千多年前就流行这样的谚语：福无双至，祸不单行。它要我们明白，幸运的事不会接踵而至，灾祸却会不断降临。有这样的思想准备，我们才会坦然面对生活中的种种波折。福来不存侥幸，祸至绝不气馁。

春节期间，到处张灯结彩，人们放鞭炮、贴门联，无非求个福星高照、福运通达。明代初期，民间就流行在家门上贴个"福"字。康熙皇帝喜爱书写"福"字，内宫张贴，又赐予亲信，确有"天官赐福"的气派。前两天友人送来康熙的御笔"福"字，声称这是"唯一一个不能倒贴的福字"。这个"福"字右边上头像"多"字，可理解成多子、多才（财）、多田、多寿、多福，含"五福"之意。"福"字明明写错了，人人不敢说，硬要解释为"五福"，还说是康熙给母亲做寿特意写的。这就是帝王之讳。清末以来，更有倒贴"福"字的习俗，以示"福到（倒）了"，讨个吉利。日常生活中，带"福"字的器物随处可见，更有由一百多不同的异体字组成的"百福图"，寓意万福降临，颇受青睐。谁不希望吉祥如意，阖家幸福啊！

信誓旦旦

“信誓旦旦”是《诗经》中著名诗篇《氓》里的一句，后代化为成语广泛使用。信誓，诚实的誓言；旦旦，重叠做形容词，诚恳的样子。成语的意思是，许下的誓言真诚恳。这里说说“信”字。

《说文·言部》：“信，诚也。从人从言。会意。”周代信的金文为㐰，从人从口。言出于口，从言从口，意义一样。不少汉字使用意义相同的不同偏旁，成了异体字，如咏和詠、膀和髈、炮和砲、瓶和缾、猫和貓，等等。汉字改革的首要任务之一，就是整理异体字，促进汉字规范化。人口的信，人言的信，就是异体，古人规范用“人言的信”，人口的信只保留在金文里。

人言为信，这是汉字六书造字的会意，由两个或两个以上的独体字组成一个有新的意义的字。会意字，有的一目了然，

信　金文　篆文

“二人为从”“三人为众”“田力为男”“二人相背为北”，这是正体；有的会意字，很难看出来，“龠从品侖”“競从誩从二人”“臺从至从㞢从高省”“佞从女信省”，这当视为会意字的变体。六书造字，皆有正体、变体。认识汉字，着力在变体。

言为心声，言语是彼此交流的工具，言语应该是真实的，否则失去交流的作用。信的本义是说话真实、诚信。孔子说，“言必信，行必果”。说话守信用，行动才会果敢。言与行，说与做，是人的两面，说到做到，言行一致，是起码的道德要求。儒家倡导仁、义、礼、智、信，称“五常”，是人人应该具备的五种美德。孔子的学生曾参每天“三省吾身”，多次反躬自问：“与朋友交而不信乎？”讲信守信，真诚无欺，“信”成了中华民族很重要的道德原则。《老子》说：“信言不美，美言不信。”诚实的话，言辞不华美；华美的言辞，不一定可信。这就有辩证法了，我们千万不要被漂亮言语所迷惑。《论语》记载有孔子与学生宰予的故事，这就是“宰予昼寝”，不好好学习，大白天睡大觉。孔子就此事发议论，先前是“听其言，信其行”，“信”是可信、相信、信任的意思；从此之后是“听其言，观其行”。他是希望学生言行一致，不要说了做不到。亚圣孟子有这样的话：“尽信书，不如无书。”书，指书经。后人理解为书本上的知识。孟子也许是最早的不完全相信古书的“疑古派”，但他这句话给了我们很多启发：不要迷信书本知识，书本上的知识还要经受检验才靠得住。

由相信到信奉，就是信教、信佛的“信”。进一步，极度的信服和尊重，就是信仰了。

人之言不可能都经过深思熟虑，往往说话也很随意。信的引申义就有“随意、听凭”，如成语信手拈来、信笔涂鸦、信马由缰、信口雌黄、信口开河，常用语有“闲庭信步”，白居易《琵琶行》有“低眉信手续续弹，说尽心中无限事”，其中的“信”都是这个意思。

人之言用文字表达就是书，今人叫信，书、信同义，自可连用。传达书信的使者叫信使，传递书信的家鸽叫信鸽，银行贷款得讲信用所以叫信贷，通过邮局或银行进行汇兑叫信汇，真实可信的历史是信史，定期而来的风为信风。《左传》“再宿曰信”，信宿指住两宿，信信就是住四宿。

古籍中，信通伸。屈信，读屈伸；欲信大义于天下，即欲“伸”张大义于天下。

当今社会经商牟利者多，有人总结“经商 16 忌”，其中就有“忌失信于人”，可见诚信的重要。官得取信于民，得到民众的信任，才有政绩、政声。这就是孔子说的“民无信不立”，老百姓不信任你，当官的就站不住脚，终究要垮台。中央电视台有《实话实说》栏目，导引社会讲究诚信，确实得到民众的好评。

光阴似箭

“光阴似箭，日月如梭”，小时候这句话被背得滚瓜烂熟。待到懂事了，再听到这句话，反而有了陈词滥调的感觉。人过中年，才真真切切感到它的分量。它是数千年来祖祖辈辈留给我们最重要的启示之一。尽管还有岁月匆匆、弹指一挥间之类的表述，但总不及这句话的含义深、回味永。

光阴就是时间。时间不是人的主观臆造，而是物质存在的一种形式。它强调一致性，规范社会，统一行动。没有统一的时间观念，社会将发生混乱。各个国家都有自己统一的民用时间，地球这个大家庭，也得有统一的国际标准时间来协调全人类的活动。时间的计量以“日”为基本单位。月、年，比日大；时辰、小时、刻、分、秒，比日小。通常所谓“时间”包含两个含义：一是指某一瞬间，所谓“时刻”，中央台报时的“嘟、

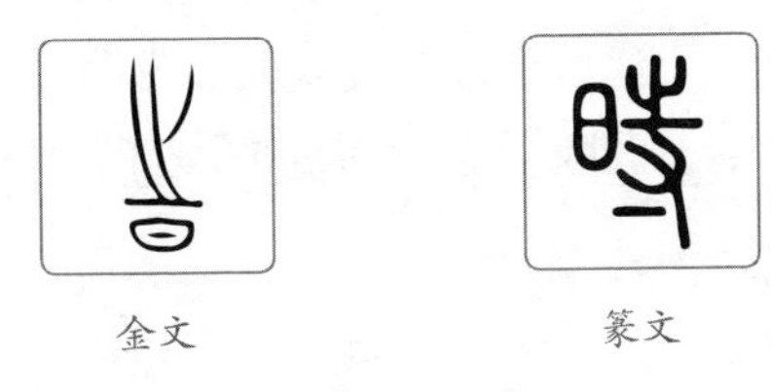

嘟——”那最后特殊的一响，就是时刻概念的具体化；一是指两个瞬时之间隔，即一个有始有终的长度。从时刻的含义出发，时间分早迟；从时段的含义出发，时间分长短。作为长度的时间，必有起算时刻、起算点。一日的起点在夜半 0 点，止于 24 点整。初一是农历月的起点，正月初一春节是农历年的起点。四季的起点是立春、立夏、立秋、立冬。世界上任何历法都强调它的起算点，都希望找一个理想的起算时刻作为它的初始，这就是历法之“元”，古称“历元”。冬至是中国古代四分历的计算起点，在二十四节气中最为重要。而西方历法把春分作为计算起点，明确公元阳历每年 3 月 21 日作为春分点。

华夏先民十分重视时间，特别看重与农事有关的天时。天时指风雨冷暖等自然现象，直接关系农事的丰歉。《孟子》云“不违农时”，农时指农事季节。《说文》有“时，四时也”，指的也是春、夏、秋、冬四季。而今，时间是一个总概念；小时、时刻，其长度就很具体了。

华夏先民也重视时间的记载。历史上的事件，先民不仅有事件经过的记载，还有时间的记载。记日用干支，西周铜器、先秦文献在干支前面往往冠以月相，初吉、既死霸、朏、既生霸、既望等，月相是定点的，就指干支那一日。王年、月、月相、干支四要素俱全，具体的年、月、日就清清楚楚了。中华民族五千年历史延绵不断，这在世界上绝无仅有。古代罗马人打了许多胜仗，由于缺乏时间的记载，就没有任何史料意义。中国古史重视年代学，任何事件都得用年月日把它贯穿起来，体现史料珍贵的历史价值。

人生几十年，在历史的长河中，也就一瞬。人要活得有意义，就得珍惜这几十年。祖辈的教诲，也算是遗训，既包含了经验，也隐含了后悔。我们得理解前辈的苦心，珍惜似箭的光阴，浪费光阴就等于浪费自己的生命。少儿读的诗：“一寸光阴一寸金，寸金难买寸光阴。”人过中年，应该都有这样的体会。“一年之计在于春，一生之计在于勤。”人生就得勤奋，懒惰不得。所谓勤劳、勤勉、勤勤恳恳、勤学苦练、勤能补拙、学海无涯勤可渡、术业宜从勤学始、业精于勤荒于嬉……都强调勤奋，一生勤奋。认识有个过程，年轻时总以为来日方长，往往虚度光阴，而后总是后悔。有道是“少年不知勤学苦，老来方悔读书迟”“枯木逢春犹再发，人无两度再少年”“少壮不努力，老大徒伤悲”，都是说后悔莫及。

三人行必有我师

在“师”字组成的词语中，“师道尊严、为人师表”之类过于强调尊严，“好为人师”又过于傲慢，“天地君亲师”显得高不可攀；唯有孔子“三人行必有我师”这句话含有深刻的哲理，人人都可以作为座右铭，终身受用。像孔子那样的大学问家都能虚心向身边的人学习，我们就更没有理由目中无人了。“三人行必有我师”的确体现了中华民族的传统美德，是民族文化的一个重要元素。

“师”字的本义是什么？我们的先祖怎么造这个字，怎么用这个字？

《说文》云：“师，二千五百人为师。从帀、从𠂤。”篆文的師，左半边是𠂤，右半边是帀。大土堆是由众多小土堆积成的。帀是“之”字的反写，“之”像一株小草长出；相反，“帀”

师 甲骨文 金文 篆文

是指周边无处不在的小草，帀是周匝、周遍之义。师是个会意字，“众意也”，表示众多。最初是指人多，很多人聚集。部族之间为争夺食物，免不了战事，聚集众人出战是常有的事。“出师”“师出”的使用应该最早，引申为军队、部队。《诗经·无衣》有“王于兴师”，《诗经·黍苗》有“我师我旅”，《诗经·常武》有“戒我师旅”，《诗经》中的“王师”“六师”，《论语》中“加之以师旅”，用的就是军队、部队的意思。军队众多，人数是一个笼统的概念，得有个定额的编制。于是“师”的定额就是“二千五百人”。《周礼·地官·小司徒》载：“五人为伍，五伍为两，四两为卒，五卒为旅，五旅为师，五师为军。”《说文》的依据就在这里。春秋时期，大国多设三军，晋国有中军、上军、下军，楚国有中军、左军、右军，军力都相当强大。而后，“三军”成了军队的统称，不必指具体编制。仿此，“师”的编制未必就是“二千五百人”的实数。

师是军事单位，又指这个军事单位的长官，《左传·成公十八年》杜预注：“师，二千五百人之帅也。”军事长官“师”是众人的管理者、指挥者、教育者，《诗经》“言告师氏”出现三次，两处指男官，一处指女官，是管理者。称呼教书育人的先生为师、老师，是引申义，使用得很广泛。再引申，可以做榜样、值得效法的人，也尊之为师。《孟子》书中多次提到“师文王”，就是效法文王的意思。有一技之长的称“师”，特指乐师。春秋晋国乐师名旷，平民无姓，叫他师旷；卫国有乐师叫师襄。自己谦恭，尊称别人为师，于是有师父、师兄、师长、法师、禅师之称。

不得不说，孔子是最善于学习的人，他是无处不师、无人不师。学生子贡赞扬孔子：“夫子焉不学？而亦何常师之有？”“焉不学”，何处不学？“何常师之有”，哪里有固定的老师？“三人行必有我师焉”，孔子学问之大，绝非偶然。

不可能人人是孔子，我们得有老师。耳提面命、言传身教、师道传承，少不得有老师。中华民族尊师重教，“天地君亲师”，老师上了神龛，受到祭拜。“一日为师终身为父”，师长与父母已经等列齐平了。韩愈的《师说》不得不读，“古之学者必有师。师者，所以传道授业解惑也。人非生而知之者，孰能无惑？惑而不从师，其为惑也终不解矣。”不管他生乎吾前、生乎吾后，吾从而师之。“吾师道也，夫庸知其年之先后生于吾乎？是故无贵无贱，无长无少，道之所存，师之所存也。”韩愈指出，“圣人无常师”，“师不必贤于弟子，弟子不必不如师，闻道有先后，术业有专攻”，赞扬“巫医乐师百工之人，不耻相师”的良好风尚。

“老师”一词盛行于明清时代，指有学问的科举考试的主考官。清末办学堂，教师称“教习”，后称“教员”，而今叫“老师”已很普通。

《幼学故事琼林》有《师生》一篇，其中几个典故应该知道：冰生于水而寒于水，喻学生超过先生；青出于蓝而胜于蓝，谓弟子优于师父。未得及门曰宫墙外望，称得密授曰衣钵真传。负笈千里苏章从师之殷，立雪程门游杨敬师之至。弟子称师之善教曰如坐春风之中，学业感师之造成曰仰沾时雨之化。这其中，只有“游杨”费解一点。游，是游酢；杨，是杨时。上句“苏章”是一个人，此处“游杨”指两个人。有一张内江出的《语文报》就把“程门立雪”的“游杨”解说成程颐的一个弟子，合二人为一人了。

学而不厌

孔子“学而不厌”这句话，成了后世若干学人发奋读书的座右铭。厌是餍的初文，饱满、满足的意思，与“讨厌”“厌恶”无关。学而不厌，指学习永不满足。正如国学大师黄季刚先生说，他越读书越觉得自己是一个没有知识的人。这与孔子“学而不厌”的感叹是一致的。

学（學）的甲骨文字形为，上部是两手捧，下部为房屋。这就有多种解说，一说学习架构房屋，义为学；一说房屋就是学宫，指学习的场所；一说上部象左右两手结网之形，结网复杂非传授不能获得，获得就是学。“學”字让甲骨文专家伤透了脑筋。关键是“爻”，它是表示房屋的构件，还是结网的网，还是卦爻的爻？将卦爻视为学习内容，学就是学习场所，学舍、学宫、学校是也。如果比较有“爻”的教、孝二

学 甲骨文 金文 篆文

字，可另有解说。“教”的甲骨文字形为𣪊，右边为手执鞭扑之形，左边上爻下子，是手执鞭扑教育小儿学习。“孝”的甲骨文字形为[illegible]，上爻下子。甲骨文从人从子同义。教与孝，指同一事物，都是学习。二者不同在于，教，得手执棍棒，要人家学；孝，不用棍棒，自觉接受长辈的教诲，含有顺从长辈之义，引申为孝顺、孝敬就很自然。爻，上㐅下㐅，下㐅仿上㐅，就是模仿、学习义；与简单的木架交叉，与复杂的卦爻应该没有关系。宋范成大诗“童孙未解供耕织，也傍桑阴学种瓜”，用的正是本义。

学与教密切相关，最早就用一个“學”字表达，既有学习义，又有教授义。为了区别字义，春秋时才加一个“攴”在“學”旁边为“斅”（xiào），《尚书·盘庚》孔安国传：“斅，教也。”斅是教的异体字，本义是教，不是学。《礼记·学记》引“兑命曰：學學半”，前“學”通“斅”，即“斅學半”，教占学的一半。

殷商时代就很重视贵族教育了，卜辞中有“大学”，自然也有小学。《礼记·王制》载：“小学在公宫南之左，大学在郊。”

郑玄注："此小学大学，殷之制。"

中华民族自古就重视教育，"古之王者，建国君民，教学为先"。《礼记·学记》通篇都是谈教育的，"虽有至道，弗学不知其善也""人不学，不知道""学然后知不足，教然后知困""教学相长""独学而无友，则孤陋而寡闻""师严然后道尊，道尊然后民知敬学""善学者师逸而功倍""不善学者师勤而功半""善问者如攻坚木，先其易者，后其节目""善待问者如撞钟，叩之以小者则小鸣，叩之以大者则大鸣，待其从容，然后尽其声"等都给后人以足够的启发。

自古以来关于勤学、劝学的文字太多太多。荀子的《劝学》已是名篇，被选入中学课本，人尽皆知。俗语："学问学问，不懂就问；边学边问，方有学问；不能则学，不知则问；不耻下问，方得长进。"王艮有《乐学歌》值得一读，"乐是乐此学，学是学此乐。不乐不是学，不学不是乐。乐便然后学，学便然后乐。乐是学，学是乐。呜呼！天下之乐，何如此学？天下之学，何如此乐？"学与乐的关系表达得淋漓尽致。把学习作为一种乐事，还有什么不能学好的呢！

苏东坡有自勉联："发奋识遍天下字，立志读尽人间书。"口气可谓不小，心志令人钦佩。周恩来有自勉联"与有肝胆人共事，从无字句处读书"，强调还要向社会学习。毛泽东有题联"贵有恒，何必三更起五更睡；最无益，只怕一日曝十日寒"，指出学贵有恒，不可半途而废。

学而时习之

儒家经典《论语》第一句话就是，“子曰：学而时习之，不亦乐乎？”传统文化很重视这个“学而时习之”，这中间包含了什么道理，让中国人如此痴迷地奉为金科玉律？其中的关键当然是那个“习”字，真有必要说一说。

《说文》云：“习（習），数飞也。从羽从白。”据甲骨文字形，郭沫若说：“此字分明从羽从日，盖谓禽鸟于晴日学飞。”甲骨文字形纠正了《说文》的分析，从羽从日会意，鸟雀在晴日数数张开翅膀练习飞行。数数，读音 shuò shuò，副词，用在动词前面，是多次、经常、屡屡之义。许慎的解说，“数飞”是习的本义。《礼记·月令》：“季夏之月，鹰乃学习。”学习，是学飞翔，用的正是本义“飞翔”。数飞，就是反复、重复地飞行。引申出“重复”义。古代贵族遇大事得占卜，还要重复

习　甲骨文　篆文

几次占卜，数次占卜都是吉兆，算是神灵认可。这就是“习卜”之制，在《左传》中是有记载的。“岁习其祥，祥习则行”，指每年重复占卜，重复吉兆，就出动（指征伐）。如果不重复出现吉兆，则努力修养道德再重新开始占卜，这就是“不习，则增修德而改卜”。

多次试飞，引申出习惯义，习俗、习性、习以为常、积习难改、习久成性、习非成是等词都由此而来。

《诗经》中有两首《谷风》，有“习习谷风，以阴以雨”(《诗经·邶风》)，又有“习习谷风，维风及雨”(《诗经·小雅》)。习习谷风，指从山谷不断吹刮来的大风。风雨交加，可见不是微风，不是东风，讲成“暴风”又似乎太过。古人于“谷风”有多种解释啊！

左思《咏史》有“习习笼中鸟，举翮（hé）触四隅”，应该是飞来飞去的笼中鸟，一动翅膀就要碰到鸟笼的角落。习习，上古音同 sà sà，理解为象声词，指飞翔时的声音，就写作“飒飒”。陆机《行思赋》：“托飘风之习习，冒沉云之蔼蔼。”袁梅注“习习同飒飒”，指的是风声。杜甫《寓同谷歌》有“四山多风溪水急，寒雨飒飒枯树湿”。这里的飒飒，显然是形容雨声。习习与飒飒，同音而借用；意义由飞的声音，借来形容风声、雨声。由习习到飒飒，字形与字义都有了转换。这就是奇妙而又变化无穷的汉字。不过，稍加梳理，还是有迹可循的。习，由本义飞翔（鹰乃学习），到多次飞翔（数飞），到重复、反复（习习谷风），到习惯，到飞来飞去（习习笼中鸟）；飞翔声音“习习”，写成同音字“飒飒”，可形容风声、雨声。

上古汉语，以单音词为主，学与习是两个词。《论语》开篇就指出学、习是两回事。“学而时习之”，一般人把“习”理解为复习、温习，虽然也讲得通，但是不准确的。习，还有实习、演习的意思，更接近本义。孔子的意思是，学懂了还不行，得实际操作。孔子教学生礼（各种礼仪）、乐（音乐）、射（射箭）、御（驾车），都非得要演练、实习不可，才能真正掌握这门学科。就是说，光有书本知识不行，还要实践。“学而时习之”，学会了还要经常实习，这与“学而优则仕”也是一致的。所谓“仕”，就是把所学贡献给社会，借以体现你所学的价值。

从“学而时习之”引发出后来的“知行合一”观念，就更具文化内涵。《左传》中明确提出“知易行难”，这影响中国封建社会两千多年。中国的知识分子，学得不少，懂得也多，最大弱点就是脱离实际。知与行，往往是脱节的。“百无一用是书生”，批评得很尖锐。明代王守仁提出“知行合一”的认识论命题，反对宋儒程朱的“知先行后”。革命先行者孙中山强调

“行”的作用，宣扬“知难行易”，批评惧怕困难的退缩、怯懦，注重革命者的心理建设。

总之，知行统一观，是中国哲学史上一个争论不休的老大难问题，它的源头应该说与“学而时习之”大有关系。

治国以礼

《论语》中孔子的原话是“为国以礼”，即治国以礼、以礼治国。孔子思想的核心是“仁”，除了仁，孔子讲得最多的就是礼了。要想理解儒家学说，就应该把“礼”弄个清楚。

孔子说：“克己复礼为仁。”克制自己的欲望，言语行动合于礼，就是仁。只要依照礼仪行事，就体现了仁。又说：“非礼勿视，非礼勿听，非礼勿言，非礼勿动。”人的视、听、言、动，都得符合礼仪，不能乱了规矩。孔子的礼，是指人的言语行为的规范，是不可或缺的。

《说文》云：“礼，履也，所以事神致福也。从示从丰，丰亦声。”又云：“履，足所依也。”古人的“履”，就是脚上的鞋，引申训践。践踏、践履、履行、实践，意思相通。礼的真实含义还得看“从豐”。豐，下是豆，豆是高足器，《说文》以为

"豆，古食肉器也"，装肉食的器物，自然也供祭祀使用。丰，金文字形为，豆中所盛是禾，五谷蔬果之类，表示以禾谷作祭品。这应该是祈求五谷丰登的祭祀，丰因此有多、满的意思。与"豐"形近的"豊"，是"禮"的初文，像豆中盛有玉器，以精美玉器作祭物，加"示"旁是"禮"。近年的考古发现，红山、龙山、良渚祭祀遗址中有大量玉器，充分展示了商代祭祀文化的壮观场面。祭神之器（豊）就称礼器，祭神大典也就称为礼、典礼。这就是许慎的"事神致福"。祭祀庄重严肃，一切都得中规中矩，长幼尊卑、主祭助祭、祭礼祭乐、前后进退都得有序进行，依礼行事。这就是《说文》的"礼，履也"。

周民族的先民重视农耕，与殷商注重祭祀大不相同。周取代殷商之后，周公"制礼作乐"，在农耕文化基础上创立全新的周文化，将祭礼的仪式程式加以完善，使之固定化，尤其强调分等级、明贵贱，确立了一整套礼乐制度。殷商文化的继承者是齐文化，周文化的延续者是鲁文化。整个两周时代，齐、鲁两种文化的对立冲突、交错融汇始终没有间断。到春秋后期，周文化已是"礼崩乐坏"，无法与代表祭祀文化的齐文化抗衡。孔子本是商人后裔，他长期受鲁文化熏陶，推崇周公，他"继绝世"，将衰败的礼乐重新恢复起来，通过他的众多弟子广为传扬。汉代"独尊儒术"，儒家的礼乐文化从此影响中国封建社会两千多年，中国也有了"礼仪之邦"的美誉。

孔子创办私学，整理六经，《乐经》失传，尔后只有"五经"。五经指《诗》《书》《易》《礼》《春秋》。《礼》，最初指《仪礼》。儒家号称十三经，十三经中有“三礼”，指《周礼》《仪礼》《礼记》。汉代的《礼记》有两种，即《大戴礼记》（戴德编辑）、《小戴礼记》（戴圣编辑），本是同一类型的书。戴圣乃戴德的侄儿，所以有“大戴”“小戴”之称。十三经的《礼记》是《小戴礼记》，成了经书，地位自然就高出《大戴礼记》了。

孔子那一套礼乐制度，在他生前颇受冷落，所以他四处碰壁，几成“丧家之犬”。按齐国名相晏婴的批评：“繁登降之礼，趋详之节；累世不能殚其学，当年不能究其礼。”意思说，上下、尊卑、进退的礼节很烦琐，一辈子学不完，人到盛壮年也做不到。的确说到了要害。

西周的仪礼形式是很多的，传说有三千，又说有三百，反正数量不会少。《周礼》中，把所有仪礼概括为“五礼”，即祭礼、凶礼、宾礼、军礼、嘉礼。祭礼，祭祀之礼，也称吉礼，祭祀是国家大事，所以将祭礼列为五礼之首。祭祀对象有天地山川、日月星辰、列祖列宗、四方百物，规格大小不等。凶礼，除丧葬事之外，还有天灾人祸之事。宾礼，朝觐之礼，含诸侯朝见天子，诸侯相互会盟、聘问。军礼，指战事，还包括田猎、建城邑、修疆界之事。嘉礼，指嫁娶婚礼、成年冠礼、饮食、宾射、飨宴，以及各种庆贺之礼。

《礼记》上说，“礼不下庶人”，普通老百姓根本没有条件去讲究铺排烦琐的礼仪，儒家的礼，原本是规范贵族的，是为贵族统治者代言，历代封建统治者利用它也就不足为怪。

讳疾忌医

隐瞒疾病不愿医治叫“讳疾忌医”，借此做比喻，引申为怕人批评而掩饰过错。相关的成语有“讳莫如深”。史载，鲁国公子庆父因杀害太子般而出奔齐国，鲁国国史《春秋》不明记其事，认为事关重大，挑明了会伤臣子之信，于是讳而不言。后称有意隐瞒不说，唯恐别人知道。《公羊传》载：“《春秋》为尊者讳，为亲者讳，为贤者讳。”可见，史书的隐瞒、忌讳就不是一处两处了。对帝王将相、尊者、亲者，不能直称其名，必须避讳。《孟子・尽心》载：“讳名不讳姓，姓所同也，名所独也。”名是独自一个人的，君上父母的名字就讲不得、写不得，要避讳。秦始皇名政，正月读成 zhēngyuè，写成“一月”。因汉武帝刘彻，汉代凡遇“彻”得改为“通”，蒯彻其人改称“蒯通”。《三国志・魏志・武帝纪》有“太祖武皇帝，姓曹，讳操”，魏国人得避讳“操”字。帝王的避讳一直延续到清朝的灭亡。

唐代名家韩愈写过《讳辩》一文，替才子李贺鸣不平。韩愈“劝贺举进士。贺举进士有名，与贺争名者毁之，曰：贺父名晋肃，贺不举进士为是，劝之举者为非”。晋、进同音，嫌名当讳。这是为亲者讳。韩愈反驳道：“父名晋肃，子不得举进士；若父名‘仁’，子不得为人乎？”唐代因避讳影响科举考试的事屡见不鲜：考官高姓，士子裴某的父亲讳“皋”，裴某就进不得考场；崔姓考官父名“龟从”，姓“归”的考生触犯他的父讳，请人托情帮个忙都遭严厉拒绝。

孔子名丘，尊孔子为圣人，就得讳“丘”字。宋代改“瑕丘”为“瑕县”，改“龚丘县”为“龚县”。清代雍正朝，下令将“丘”写作“邱”，一直延续到五四运动后才恢复“丘”字。学生读到“孔丘”，得读作“孔某”；写到“孔丘”，“丘”字得缺一笔，不写倒数第二笔。

封建社会帝王专制，对文字的使用严加限制。从秦始皇的焚书坑儒到清朝的文字冤狱，两千多年来杀人如麻，文字祸端，罄竹难书。宋代文学家、诗人苏东坡，以诗词表达心中不满，结果“乌台”（御史台）质审，“乌台诗案”牵连了39人，苏东坡宦途坎坷，不是被囚禁，就是遭贬。明太祖朱元璋“览天下章奏，动生疑忌，而文字之祸起”。杭州徐一夔撰写贺表，内中有“光天之下”“天生圣人为世作则”的话，朱元璋看了大怒：“生者，僧（和尚）也；光者，剃发也，则字音近贼字。”他以为是暗指他当过和尚、当过“贼”（红巾军），就把徐一夔杀了。朱元璋“善猜忌”，冤杀文人自然不少。清代的文字狱，足够写几本书，可以说登峰造极。《字贯》不过是简明字典，给幼学者翻检的，只是将康熙、雍正、乾隆（庙号）及玄烨、胤禛、弘历（御名）直书，没有避讳，编《字贯》的王锡侯最终被凌迟处死，满门二十余人被株连判罪，未满周岁的小儿子也不能幸免。

其实，社会生活中还有诸多忌讳。中国人的含蓄、中国人的礼仪，都在忌讳中体现。尊重别人，称首长、称师傅、称职务、称兄道弟，都忌讳直呼其名。人性都是趋吉避凶的，忌说“死”而说仙逝、升天、去世、辞世，忌说“蛇”而称“小龙”“长虫”，忌说“虎”而称“大虫”“老猫”——这就是所谓“恶名讳”。忌说“性”而称“同房”“房事”，忌说“病”“生病”而称“不适”“偶染微恙”，忌说“死日”而称“忌日”“忌辰”。这些忌讳长此下去就形成习俗，有了特殊的文化内涵。忌讳的利弊是明显的，而讳疾忌医总是不好。

文字词汇

汉字戏说

不可当真的话叫戏说、戏言。有的电视剧喜欢随意编撰，往往用“戏说”二字，影响比较大的有《戏说乾隆》《戏说三国》《戏说慈禧》等，涉及的内容大可不必信以为真。当然，这种戏说并非毫无根据地胡诌瞎说，它还有一定的道理，还是可以蒙住一些并不深究的老实人。

今天要说的是有关汉字的戏说，看似有点道理，实则违背汉字创始的初衷，不符合六书造字时字的本义。我们不妨从戏说入手，深究一下，探访汉字意象的奥妙。

宋代女词人朱淑贞临终前写下《断肠诗谜》，将一到十的数字隐藏在哀痛欲绝的诗句中：

下楼来，金钱卜落。问苍天，人在何方？恨王孙，一直去了。詈冤家，言去难留。

悔当初，吾错失口。有上交，无下文。皂白何须问，分开不用刀。从今莫把仇人靠，千种相思一撇消。

这里运用了减损字形的拆字法，每一句一个数字：下去卜为一，天去人是二，王去一直是三，言字去口为四（三）……这也是在分析汉字结构啊！

北京晚报 1982 年 2 月 12 日载有三副变形对联：

地中取土，加三点以成池；囚内取人，进一王而得国。

或在園中，拖出老袁还我國；余临道上，不堪回首问前途。

鳥入風中，銜出虫而为鳳；马卧芦畔，吃尽草以为驴。

还有，就“圖”字、“傘”字的结构编撰出一副有趣的对联：

四口同圖，内口皆归外口管；五人共傘，小人全靠大人遮。

还有：

冻雨洒窗，东二点，西三点；分瓜切片，竖八刀，横七刀。

戏　金文　篆文

还有：

张长弓，骑奇马，单戈独戰；嫁家女，孕乃子，生男曰甥。

以上是以汉字的形体分拆或合并为特征的“戏说”。

20世纪90年代初，电视剧《编辑部的故事》热播，风行全国的主题曲中有一句“人字的结构就是相互支撑”，这样解说“人”字，文字学家并不认同，老百姓对这句话却感到温暖，“相互支撑”的确是人心所向啊！

百家姓氏，同音的多，为了对方正确理解，常常这样自我介绍：“弓长张”“立早章”“四维罗”“马各骆”“言午许”“木易杨”……这都是就汉字的楷书结构解说的，往往并不确切，如“立早章”“四维罗”之类。

许慎的《说文》是以小篆为依据对方块汉字的结构进行分析，解说汉字的本义。许慎的解说，大体是靠得住的，甚至被推崇为“许学”。后人也就奉为经典，有了“文字学”这门学问。要阅读古代典籍，要研究中国学问，《说文》就是起步的必读之作。按照国学大师黄季刚先生的说法，研治《说文》，当“先以分别六书为急”，首先得把汉字的结构搞清楚。弄清楚造字的方法，字的本义也就明明白白，避免了主观地猜测胡诌。

秦始皇统一六国后，制定了一系列的统一政策，包括“书同文，车同轨”。书同文，全国统一使用小篆。方块汉字从此有了规范化的形体，这的确是汉字历史的一大进步。小篆虽然能够说明字形，但毕竟结构繁复，笔画圆转，书写困难，这才有今文字隶书、楷书的产生，使汉字的结构发生了根本性的变化。今人用楷书的形体分析汉字，与字的本义相去甚远，甚至毫不相干，那只能看作“戏说”了。

从『打』说起

打，是一个表达人的行为动作的词。人的行为动作都得用手，涉及手的动作太多太多，《说文》从手的字不到三百个，远不足以表达人的所有行为动作。又没有必要一个动作造一个字，怎么办？日常生活中，“打”字用得多，打的、打醋、打算盘，真是无处不在，无孔不入。仔细琢磨，还有些意思。《说文》：“打，从手丁声，击也。”丁就是钉子，声兼义，既是“打”的读音，又表示它的意义。用手钉颗钉子就叫“打”，当是本义。撞击、敲打，应该是引申义了。

近代用“打”字，四川话用“搞”，北方人用“干”。

为，《说文》云“母猴也”。甲骨文字形为，是以手牵象，役象才是本义，与母猴无关。役象当然是人的一种行为动作，词义扩大，可表达人的所有行为动作。古籍中这种用法的“为”

打　　篆文

字，比比皆是。

为＋名词：为政（从政）、为山（堆砌土山）、为礼（习礼）、为乐（奏乐）、为谅（坚守信用）、为长府（翻修长府）……“为”的具体行为由后面的宾语确定。

打＋名词：打鱼（捕鱼）、打水（汲水）、打伞（撑伞）、打的（坐出租车）、打算盘（拨弄算盘）、打靶（射击靶子）、打工（做工）……“打”的具体行为由后面的宾语确定。

搞＋名词：搞水（挑水、玩水）、搞饭（煮饭）、搞灯（修灯）、搞房子（修房子）、搞节目（排演节目）……“搞”的具体行为由后面的宾语确定。

如果动作行为涉及几个宾语，不能用一个具体动词包容涵盖，为、搞就有了用武之地。《孟子·滕文公》载，孟子问陈相，“(许行）奚冠？”——戴什么帽子？“自织之与？”——亲手编织的吗？又曰：“许子以釜甑爨，以铁耕乎？”甑子是陶制品，耕作用的铁农具是冶炼的。孟子只能说：“自为之与？”——亲自制作的吗？也就是：亲自搞的吗？这里的“为”就包含陶制、冶炼两个行为动作。古人用“为”就最恰当。

搞字的用法也一样。台上领导做报告，台下有讲话的，有织毛衣的，有看书的，有打瞌睡的……主持人看不下去了，就说：“大家注意听报告，有些人在搞啥嘛，不要搞了。”搞字用在这里就最恰当。

表动作行为的这几个字，还有一个常见用法，就是与另一个动词结合。一个宽泛，一个实在，两者并用，体现一种虚与实的协调，也符合汉语骈对的特点。

为+动词：为听，听也；为戮，戮也；为来，来也；为死，死也；为作，作也；为治，治也。值得注意，讲文言文的书，很多没有把“为+动词”弄明白。

搞+动词：搞生产，生产也；搞建设，建设也；搞训练，训练也；搞比赛，比赛也。

打+动词：打捞，就是捞；打扰，就是扰；打量，就是量；打滚，就是滚；打圆场，就是圆场；打劫，就是劫。

这样看来，上下几千年，方块汉字有发展，也有传承，我们得在比较中学习体会。

『为』不是母猴

《说文·爪部》有："为，母猴也。其为禽好爪。爪，母猴象也。下腹为母猴形。"清代说文四大家之一的王筠在《说文句读》中说："母猴者，名也。《史记》谓之沐猴，今呼马猴。"许慎的"母猴"，不得理解为雌雄之"雌"、公母之"母"，是指沐猴、猕猴、马猴，就是《史记·项羽本纪》中"人言楚人沐猴而冠耳"的那个"沐猴"。沐、母音同而已。猴性好动，两手好爪（抓），许慎依小篆字形如此解说。字形与字义都清楚了，还得有文献依据啊，《史记》的"沐猴"不能证成"为是母猴（沐猴）"呀。虽然不敢违背许说，然而疑窦重重，难以令人相信。

1899 年在河南安阳小屯村发现了甲骨，上面刻有文字，而后的甲骨发掘越来越多，甲骨文字越来越清晰地展现在人们的视野中，研究甲骨文字的专家也多起来。甲骨文研究的"三堂"

为　甲骨文　金文　篆文

就是佼佼者，还有于省吾、罗振玉、唐兰等大家，后之来者多多乎。甲骨文的研究填补了中国古代文字、文化、历史的许多空白，对中华文化的贡献，可谓大矣。

“为”字的解说，在甲骨文中有了答案。罗振玉说：“为字古金文石鼓文并从爪、从象，绝不见母猴之状。卜辞作手牵象形。意古者役象以助劳，其事或尚在服牛承马以前。”

中原地区上古时是有象的。《甲骨文合集》第37365片：“隻（获）象七、雉三十。”《吕氏春秋·古乐》载：“商人服象，为虐于东夷。周公遂以师逐之，至于江南。”周初，周公派军队把象赶到江南。《韩非子·十过》也载：昔者黄帝“驾象车而六蛟龙”。驯服大象替人做事，便造出以手牵象的“为”字，泛指做事，表达人的行为动作。人是无所不能，有各种各样的行为动作，任何动作行为都可用“为”字表达，“为”字在古语中就得到广泛的应用，使用频率极高。如果真的弄清楚“为”的用法与意义，读古书就轻松多了。

“为”做动词使用，具体含义由后面的宾语确定。为师，当老师；为国，治国；为礼，施行礼仪；为命，创制政令；为周南、召南，研究周南、召南。这就与今语的“搞”字相当。“搞”是西南方言词，也泛指人的行为动作。它进入普通话词汇不过70年，而使用频率节节攀升。搞水、搞饭、搞灯、搞电、搞卫生、搞对象，生活中几乎无处不在，具体含义也得由后面的宾语确定。

还有，为 + 动词，与动词结合在一起使用，一般语法书是误解了的，认为“为”是动词，后面的动词就相当于名词了。从“唯弈秋之为听”一句就明白：为听，听也。“为”就是听。“为”的含义宽泛，后面的动词意义具体，两相补充。这与“搞 + 动词”一个样。

《说文》云“为，母猴也”确实错了，我们也不能因为有这样的错误而轻视《说文》，许慎没有条件看到甲骨文嘛。瑕不掩瑜，《说文》始终是一部不朽的文字学巨著。

富有之『有』

人生在世都希望富有，财富丰足，日子好过。贫穷不是社会主义，资本社会也需要不断创造、不断积累，反正得增加社会财富，富有才好。“富”字好说，完备为富，充实为富，而“有”字就复杂得多，使用的频率又相当高，有必要认识认识它。

“有”在金文中字形为[illegible]，上面是一只手，下面是一块肉，手拎着一块肉，表示拥有、持有。两块肉就多，“多”字就是两块肉，也是会意字。上古时代，生产力水平低下，平民素食还不得温饱，统治者、贵族才有条件吃肉。《左传》中，“肉食者”成了统治者的代称。孔子办学校教学生，只要主动送上“束脩”作为见面礼，他就收为弟子。脩是干肉，一束是十条。教师的报酬称“束脩”源于此。虽然不算厚礼，总还是“礼”，也就不是平常之物啊。

有 甲骨文 金文 篆文

明白了“有”字的本义，有余、富有就是同一个意思。有，就是富，就是余，是个形容词。拥有、占有、具有、持有中的有是动词，是常用义。

《说文》云：“有，不宜有也。《春秋传》曰：‘日月有食之。’从月，又声。”许慎把有误释为“从月”，又用日食、月食的天象来解说，显然不可认同。许慎的意思，日食、月食是不该有而有之，不该出现日食、月食却出现了日食、月食。

不过，“不宜有”为“有”，实在深藏哲理意味。你想，人来世上，赤条条一丝不挂，后来无所不有。人一旦离世，又一无所有。这难道不是“不宜有”吗?

“有”是“以手持肉”，词义扩大了，不管持有什么东西都是“有”。《诗经·有驳》云：“岁其有。”指年成好，五谷丰收。《谷梁传》云：“五谷皆熟，为有年。”

有字用在整数与零数之间，读 yòu（又）。《尚书·尧典》有“期三百有六旬有六日以闰月定四时成岁”，《论语》有“吾十有五而志于学”。

有与无相对，几乎无处不在。道家哲学强调“有无相生”，

《老子》第十一章就在说明有、无的依存关系和相互作用。“三十辐共一毂，当其无，有车之用。埏埴以为器，当其无，有器之用。凿户牖以为室，当其无，有室之用。故有之以为利，无之以为用。”万物皆依照有、无的哲理产生实利，产生作用。

有、无还经常使用在动词的前面，清代语言学家称为“状物之词”，今天叫副词。好多人误解了这个有字。《论语》云：“子曰：志士仁人，无求生以害仁，有杀身以成仁。”无表否定，有表肯定。无所思，不想那个；有所思，想那个（确认）。古籍中用例甚多。有字用在形容词前面，还是表肯定、表确认。《诗经·六月》的“有严有翼”，意为多么威严、多么恭敬，或者说真威严、真恭敬！表肯定的有往往是不用译出来的。如果当作动词去理解，就大错特错了。

古文献中，有字有用在姓氏、朝代前面的情况，如有熊氏、有虞氏、有扈氏、有穹氏，有夏、有周、有唐、有清。有人研究，这个“有”含有“大”的意思；也有人说，没有意义，是个词头或者前缀。

由有字组成的古代常用语也不少，可看成古代的成语，是不得从字面上去解释的。“有事”指打仗、战争，《论语》有“季氏将有事于颛臾”。“有道”指政治清明、国泰民安，《论语》有“邦有道则知”；也指有道德学问的人，《论语》有“就有道而正焉”。四个以上的字组成的含有字的成语就更多了：有口无心、有的放矢、有血有肉、有奶便是娘……

与“有”相关的一个字是冇（mǎo 卯），广东方言，“没有了”的意思，新造的会意字。

“有”是富，为求吉利，山西、陕西、浙江一些地方，春节期间贴一个“倒有有”的符号。正写一个“有”，上面加一个倒写的“有”，组成图案，表示顺也有、倒也有。这是地方习俗。

求同存『异』

国家与国家的交往、民族与民族的交往、人与人的交往，其基本原则就是求同存异。离开这个原则，国际争端就不可调和，民族纠纷也难以解决，人与人的争斗就不可避免。中国在亚洲、非洲首创和平共处五项原则，其核心就是求同存异。

“同”指共同、同力、会合，意思单一，而“异”字有必要说一说。

异的甲骨文字形为，象一人头上载物高举两手扶翼之形。其上部是一个圆形器物，下部是两手作廾（共）。今文字省了“人”，成“異”字，简化作“异”。头载物为戴、顶戴。戴从異，“異”的本义就是戴，以头载物。戴是后起字。人首戴物抽象化，就有拥戴、爱戴、奉承之义。《尚书·皋陶谟》孔传有“翼戴上命”，拥戴上命也。翼、戴连文同义，本就是一个“異”字。古籍用“翼”字，翼即異，此翼是“異”的假借。人首戴

异 甲骨文

金文

篆文

物必然护翼，鸟的羽翼本有爱护、保护的意思。人首戴物，得小心谨慎，引申就有敬、恭敬的意思。《诗经·六月》有“有严有翼”，即真威严、真恭敬！《毛诗故训传》云：“严，威严也。翼，敬也。”

《说文》云：“异，举也。”徐锴曰：“将欲与物，先分异之也。”分是后起义了。分必有别，就是“不同”。同与异，构成反义词。《韩非子·五蠹》有“世异则事异”，世道不同，万事就不一样。主体是同，奇特为异，柳宗元有“永州之野产异蛇”。他乡为异乡，王维诗有“独在异乡为异客，每逢佳节倍思亲”。异物，指珍奇之物，也可讳指“鬼”（死人）。《汉书·贾谊传》有“化为异物”，即人死化而为鬼。

班固《汉书·艺文志·诸子略》叙述诸子百家时，总得指出各家的异端邪说，如儒家的“惑者”“辟（邪僻不正）者”，道家的“放者”，阴阳家的“拘者”，法家的“刻者”，名家的“警 jiào（挑剔）者”，墨家的“蔽者”，纵横家的“邪人”，杂家的“盪（知识浮泛）者”，农家的“鄙者”，这些辟邪之人依附正道而存，无邪焉得有正？诸子百家本来就“异”，班固引《周易》曰："天下同归而殊途，一致而百虑。"他站在哲人的高度看待这形形色色的人世社会，强调"相反而相成"。我总是要求学生背诵《汉书·艺文志·诸子略》，是要他们认识这个纷呈的社会，进一步学会为人处事。

最近读到一位大作家的文字，他说他个人喜欢异议。有异议的人，往往有异禀。异有什么不好？异花奇卉，异宝奇珍，异彩纷呈，异军突起，异想天开，这样的世界才日新月异。尤其是对故步自封且又落后腐朽的说教，更应该持有异议，更应该鼓吹"异端邪说"，这样才能解放思想，促进社会进步。

有同有异，这是万事万物的本相。其实，万事万物的主体是异而不是同。人们的心态总是在"求同"，希望达成一致。人的活动是群体性的，"步调一致才能得胜利"。如果求同而不能"存异"，必然走向极端，矛盾激化而不可收拾。反正人得学会包容，得大度，得与"异议"和平共处，长期共存，容得下别人尤其是自己不喜欢的人。

从『污讲小学』说起

从李缨女士博客上看到“污讲小学”的标题，大感兴趣。因为我在学校就是讲授“小学”的。“小学”居然“污讲”，怎么个“污讲”法，实在有趣。待到点击出这篇文章，我才恍然大悟，“污讲”原来是贵州少数民族山区一个村落的名字，污讲苗寨的学校自然就叫“污讲小学”。“小学”的不同含义，引发出我的异样的解读。大学课堂那门“小学”或者“传统小学”课程，指的是文字、声韵、训诂的汉字基础知识。小为大之基，要做大学问，必得有“小学”的基本功。古人称“小学”，也有从小就得学的意思，丝毫没有轻视的意味，倒是特别看重。有了扎实的语文基础，再学习其他学科，也就应对自如。这恰恰是民国以来所谓新式教育忽略了的。不从汉字的形、音、义这些根本着手，提高语文教学质量就是一句空话。

撇开“小学”不说，我倒是要对“污讲”二字多说几句。从字面说，污讲就是胡乱讲解，这正是我当初看到标题产生的直觉。面对一个实实在在的地名“污讲”，真是差之毫厘，失之千里了。

“污讲”当然是少数民族读音的汉字译文，也可以写成“乌疆”“五杰”“武界”“务强”什么的。可见用什么汉字并不重要，重要的还是读音。

语言是人类交际的工具，知音知义。原本活生生的口语表述，一经汉字记录，写出来反而死呆了。《诗经》首句“关关雎鸠”，关关，本是“鸟鸣声”，一旦写成“关关”也就呆板了。水鸟雎鸠的鸣叫，也许是 guāguā，也许是 gūgū，也许是 gāgā，最早的写法“关关”只起一个约定俗成的规范作用。类似的还有交交黄鸟、坎坎伐檀、萧萧马鸣、磨刀霍霍、凿冰冲冲。至于地名“污讲”，最早使用了这个写法，也就沿用下来。这就叫约定俗成。

《诗经·七月》有“一之日觱发”，觱发是大风触物的声音。觱发，拟声词，标音为 bibo 或 bipo 就够了。按汉字四个声调，“觱发”的读音得标注成 bìfā，反而不像拟声词了。类似的角落、旮旯、剥落、朦胧、蓬勃……这些称作联绵词的，都可以不标注声调。联绵词，“合二字而成一语，其实犹一字也”（王国维语）。联绵词，是一个声音组织，强调的是声音。人们通过听觉对同一个声音的认识，应该是一致的。而方块汉字，各个地域的人读音是有别的，地域音就是“方言”。用汉字拟写“声音组织”，的的确确难得准确，也不可能准确。伐木的声音，《诗经》

污　金文　篆文

用“伐木许许”,《说文》就引作“伐木所所”。同样的伐木声音，用汉字拟声，必然就会走样。方块汉字实在难以承担注音的任务，这是不争的事实。

想起幼儿时期，初学英语的孩童，book，常见的标注是“布克”“补客”；English，他会用汉字标注成“因格里时”“英革力思”，调皮捣蛋的就读成“阴沟漏水”。要描写语音，方块汉字实在无奈。

而今有了汉语拼音字母，标注汉字就方便多了。而涉及表述“声音组织”的汉字，应该怎样注音并没有规范。主要的问题在声调。比较合理的办法，是给表音的汉字注音，不用标注声调。

现代汉语，普通话使用阴平、阳平、上声、去声四个声调。唐宋中古音，有平、上、去、入，四个声调。秦汉上古音呢，几个声调？我以为，黄侃先生“古音只有平入二声”的说法接近真实。平声高长，入声短促。一个音缓言拉长，就是平声；一个音疾言短促，就是入声。同一个音，短促就用一个字表述；可以拉长，就分化成两个字。联绵词就是由单音词长言分化而成的。《尔雅·释天》云："扶摇谓之猋。"《说文》写作"飙"。《尔雅·释器》云："不律谓之笔。"猋的长言就是扶摇，笔的长言就是不律。如同"孔"的长言就是窟窿一个样。窟窿说得短促就是孔。标音的汉字，有必要注明声调吗？

"污讲"是标音的地名，用拼音字母注音，就更不必标注声调了。

说说蹇叔之『中寿』

《左传·僖公三十二年》载有“蹇叔哭师”的故事，很多语文、语言、文学课本，古代散文读本都选载了，也算得上《左传》中的一段优美文字。其中，有一句话最难让人明白。

秦穆公雄心勃勃，有心进入中原，决意偷袭郑国。为了得到支持，穆公访诸蹇叔。而蹇叔晓以利害，不赞同出兵，还对带兵主帅孟明哭着说：“吾见师之出而不见其入也！”这就是“蹇叔哭师”。秦穆公不听忠言，派人对蹇叔说了一句千百年来令人费解的话：“尔何知，中寿，尔墓之木拱矣！”

看看当今的学者怎样理解这句话。

杨伯峻《春秋左传注》云：“句意谓使尔中寿，尔墓上之树木早已成抱矣，言其老而不死，昏悖而不可用。”

王力主编《古代汉语》云：“你知道什么？你如果在中寿的

年龄死去，你墓上的树也该长到两人合抱那么粗了。这是骂蹇叔早就该死了。”

薛正兴文：中（去声）寿，满寿也。类今之“老不死”。

贵州人民出版社《左传全译》用王力的注解译文，还说“秦穆公因蹇叔哭师出语不祥，故骂蹇叔早就该死了”。

今人（包括王伯祥、朱东润、刘盼遂等）的共同点有二：一为这是穆公骂蹇叔早该死的话，二为如果你中寿死去。

可以考知，今人的见解，来之于清初的《古文观止》。其注云：“言尔有何知识？设当中寿而死，尔之墓木已拱矣。极诋其衰老失智也。”

从《史记·秦本纪》知，秦穆公先得百里奚于宛，百里奚推荐其友蹇叔。穆公“厚币迎蹇叔，以为上大夫”。百里奚到秦国年已七十岁了，在僖公五年，距僖公三十二年有二十七年，他年近百岁，《左传》已不提及，或已故亡。推知，其友人蹇叔，当在八十以上，九十左右了。《庄子·盗跖篇》云：“人上寿百岁，中寿八十，下寿六十。”比较切合。中寿，是说你年纪大了，或者说你是八九十岁老人了，但看不出有“假如你中寿就死”“你这个老不死的”“你早该死”之类的意思。极具雄才大略的秦穆公，能这样对待他十分信任的上大夫吗？后来，秦军大败，秦穆公自责：“孤违蹇叔……孤之罪也。”穆公可以不听蹇叔的劝谏，也断然不会派人去咒骂年近九十的蹇叔啊。《古文观止》编注者所谓“极诋其衰老失智”，是不可具信的。

什么是正确的解说？南京大学的洪诚先生说：“中寿”后有

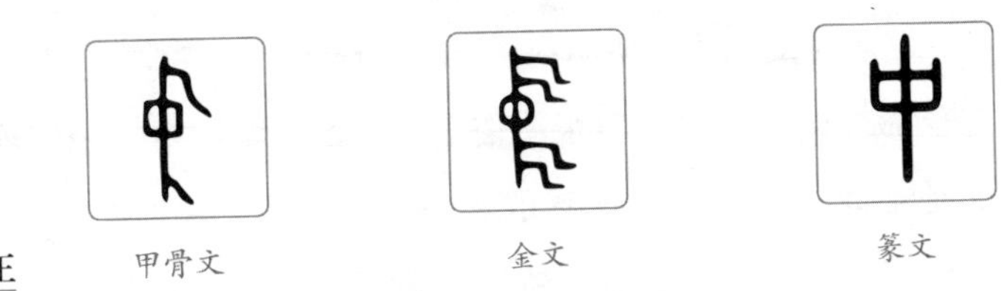

省文，“及师之入”（等到军队回来），尔墓之木拱矣。洪先生还举例：重耳离开狄国，对妻子季隗说：“待我二十五年，不来而后嫁。”重耳妻曰：“犁（比）二十五年，吾冢上柏大矣。”可见，“墓之木拱矣”“冢上柏大矣”是时人的习用语，意思是说等不到那时候了。丝毫没有咒骂别人或诅咒自己的意思。秦穆公没有咒骂蹇叔，重耳妻子也没有咒骂自己早该死。孔颖达《正义》云：“言其过老，悖不可用。”意思是说，九十奔百的老人，难免糊涂，其说不可采纳。孔说近之。

“尔何知”，并非“你知道什么”“你有何知识”，那是一种轻蔑语气啊。应该是叙述语气：你哪里知道，怎能知道！

尽管蹇叔坚决反对出兵，秦穆公还是派人去表示，他出兵郑国有必胜的把握。派去的人对蹇叔说，你年纪太大了，怎能正确判定出兵的胜负？你说军队回不来，你等不到回来的那个时候了。这样理解，对后文秦穆公的自责也是一个很好的铺垫，似乎更合情理。

不妨参考今人的常例。邻里的老人家看着孙子娶媳妇了，邻里说：你要抱重孙儿啰。老人家会说：到那时候，我坟上都长树啰。这表达的意思也明明白白，没有误解。

古今都一样，汉语中有很多俗语、成语、常用语、固定格式，都是不能按字面意思解释的。一问三不知、快刀斩乱麻、新官上任三把火、三个臭皮匠赛过诸葛亮……从字面上读必然走样。同理，“尔墓之木拱矣”也是不能仅从字面理解的。

胡取禾三百亿兮

“胡取禾三百亿兮”是《诗经·伐檀》中的著名诗句，前面是“不稼不穑”四个字，意思很明白：不种庄稼不收割，为啥占有粮食那么多？讽刺贵族统治者不劳而获，是替普通劳动大众说话的，历来认为《伐檀》具有很强的人民性。这里的“亿”是十万，古代“十万为亿”；今天是“万万为亿”。古人解释“亿”为“束”，可以不去研究，我们要说的是“取”字。

《说文·又部》云：“取，捕取也。从又，从耳。”引《周礼》有：“获者取左耳。”又引《司马法》曰：“载献聝。”聝者，耳也。以手取耳，表示捕取，当然是本义。“取”最初指捕捉野兽，抓住尾巴，按住身子，揪住耳朵，都算获取了猎物。《诗经·七月》是一首典型的农事诗，写周民族的民众一年四季的农耕狩猎之事。到了冬天，“取彼狐狸，为公子裘”。狐狸，正如杜甫诗

《无家别》所写“但对狐与狸，竖毛怒我啼”一样，指毛狗、狸猫两种动物。“取彼狐狸”，捕取狐与狸，用的正是本义。古代打仗，杀死敌人，得割下左耳，以数计功行赏。《左传·宣公二年》载，郑国公子归生受命楚国去攻打宋国，宋军大败，“俘二百五十人，馘百人”。俘虏宋军250人，打死宋军100人。馘，割下左耳。这就是《司马法》的“献馘”。可见，揪住动物的耳朵，不论死活，都称“取”，捕取了。馘，是取下死者的左耳。“俘馘”连用，俘是活捉，馘是致死，分别明显。活捉了，就没必要割下俘虏的左耳了。《伐檀》的“取禾”是占有粮食，“占有”已是引申义了。

这里说一个《孟子·离娄》记载的“取友必端”的故事。郑国指派子濯孺子侵犯卫国，卫国便使庾公之斯追击他。这时，子濯犯病，拿不了弓，意识到活不成了，问驾车的：“追我的是谁呀？”驾车的说：“是庾公之斯。”子濯肯定地说：“我死不了啦！”驾车的知道，庾公是卫国出名的射手，子濯反说“死不了啦”，啥道理呀！子濯告诉他：“庾公跟尹公之他学射，尹公又跟我学射。尹公是个正派人，他选择的弟子一定也正派。”原文是，“夫尹公之他，端人也，其取友必端矣”。庾公追上了子濯，知道他犯病不能拿弓，便说道：“我不忍以夫子之道反害夫子。”我不忍心拿您传授的射箭技巧反过来伤害您。庾公之斯抽出箭，向车轮敲几下，拔出箭头，发射四箭就走了。取友必端，是一个成语典故，这里的“取”是选择的意思。

《荀子·劝学》有“青，取之于蓝，而青于蓝；冰，水为之，而寒于水”。取，从中取出来。比喻学生超过老师，后人胜

取 甲骨文 金文 篆文

过前人，就用“青出于蓝而胜于蓝”这个成语。

取女为“娶”，娶是后起字。《周易·蒙卦》六三“勿用取女”，《诗经·南山》有“取妻如之何”，《论语·述而》有“君取于吴为同姓”（指鲁国与吴国同是姬姓），《史记·吴起传》有“吴起取齐女为妻”，这个意义的“取”，后世均写作“娶”。《说文》：“娶，取妇也。从女，从取，取亦声。”取的本义为捕取，取妇，就是抢老婆，反映古代的确有劫夺婚习俗，即后来的“抢亲”。其实，婚姻自古以来就两种形式，要么自愿自由，要么强迫劫夺。族内婚，“匪媒不得”，媒妁即可；族外婚，多是劫夺，部族战争，“子女玉帛”是掠取对象。取——娶，既可迎娶，也可强取。

取舍对举，取的反面是舍（捨）；又与“與”（予）相对。所谓“取与”，拿人家东西为取，拿东西给人家为与；又是“去”的反面，所谓“去取”，抛弃为去，索取为取。

此外，取与趣通，趣与趋同。取、趣、趋，辗转相通，古籍中例子多多。古乐府《孤儿行》有“行取殿下堂”，取是趋的假借，读为“趋”，快走之义。《史记·秦始皇本纪》有“异取以为高”，异取，即异趣。《李斯传》正作“异趣”。阅读古籍，不可不知。

匪夷所思

《周易·涣》六四："涣其群，元吉。涣有丘，匪夷所思。"这就是成语"匪夷所思"的出处。《序卦传》说："兑者说（悦）也。说（悦）而后散之，故受之以涣。涣者，离也。"涣就是离，就是散。涣散、离散，是同义词组合。人在喜悦时候，气血疏散。可见，说（悦）有散义，所以兑卦之后次以涣卦。涣卦卦象坎下巽上，坎为水，巽为风，风在水上吹，水遇风则涣散，故卦名曰涣。涣其群，尽散朋党，解散小团体。元吉，大善之吉。有丘，民众聚集如山丘，象征团结一心。匪夷所思，不是平常人想象得到的。本义是赞美，词义变迁，后来形容人的思想离奇古怪，"匪夷所思"就是明显的贬义了。你能正确使用它吗？

匪、非，表否定。《周易》《诗经》是上古文献，用"匪"，实则就是“非”。《诗经》“我心匪石”“匪来贸丝”“匪媒不得”“匪居匪康”“天命匪解”……都是“非”义。《诗经》中，只有三处用“非”：《斯干》“无非无仪”，《北山》“莫非王土”“莫非王臣”。“无非”的非是形容词；“莫非”是两个否定词连用。这是不能用“匪”的。非、匪，同音可通。《论语》《孟子》表否定，都用“非”了。后世大体遵从。

《说文》：“匪，器似竹筐。从匚非声。”“匪”借作别用，另造“篚”字表示本义的“似竹筐”的“匪”。《孟子·滕文公下》有“篚厥玄黄”，玄黄指代玄黄之物。篚，一本作“匪”，那就是本义的“篚筐”。篚厥玄黄，把物件装在篚筐中。这里的“篚（匪）”做动词用了。

《说文》：“非，违也。从飞，下翅取其相背。”许慎以为，本义是两相违背。戴侗《六书故》认为“上古非、飞同字”。“非”就像鸟向两侧伸展的一对翅膀，象形字。“飞”的本字是“非”。非的反义词为“是”，是非连用，是正反组合。《孟子·公孙丑下》有“前日之不受是，则今日之受非也”，过去的不接受是正确的，那今天的接受便错了。非，不对的，不合理的。“非”做动词用，表示认为不对。韩愈文“不知其非笑之为非笑也”，非笑，认为笑不对，这是汉语的意动用法，动宾关系比较特殊一点。“非”主要做否定副词使用，用于判断句，以否定谓语。《论语》有“管仲非仁者与”，《论语·颜渊》有“非礼勿视，非礼勿听，非礼勿言，非礼勿动”。

古代是与非，常常做对文使用。《声律启蒙》有“宽对猛，是对非，服美对乘肥”，常用语有“是非不分”，成语有似是而非、惹是生非、是古非今。使用日久，“是”和“非”凝成一个词，“是非”指争执、口舌，如挑拨是非、招惹是非。“是非”涉及一个人的修养了。于是，教育子弟“莫言人非”“人前莫说是非”，“是非只为多开口”“来说是非者，必是是非人”。

匪与非，在否定副词这个用法上是相通的。古语“匪人”本指非亲人而言，后来指行为不当的人，没有“土匪”“匪徒”的意思。由行为不当引申出来，近代的普遍用法指为非作歹的匪徒。封建时代，把打家劫舍者称作“匪”，犯上作乱也叫“匪”。农民起义叫“乱匪”，义合拳叫“拳匪”。在政治层面上，习惯将敌对方谩骂为“匪”。蒋介石称共产党为“共匪”，攻打解放区叫“剿匪”；我们称他为“蒋匪”，管国民党部队叫“蒋匪军”。

其乐无穷

人逢喜事精神爽，体味其中的乐趣，往往会情不自禁地感叹：其乐无穷啊。细细咀嚼，“穷”字大有文章。

穷，《说文》收在“穴部”：“极也。从穴、躬声。”许慎认为“穷”是个形声字。其实，也可以理解为会意字，即躬身进洞。古人穴居野外，野外宽阔，洞穴只容人居处，进洞就到底，“极也”就是穷尽的意思。穷凶极恶、穷奢极欲，穷与极对文同义；山穷水尽、穷理尽性，穷与尽对文同义。尽头、完结、走到尽头、走投无路，都是引申义。日暮途穷：天黑了，路已走到尽头。穷寇勿追：走投无路的盗寇不要追赶（军事上要讲究的策略）。穷鸟入怀：无处容身的鸟雀投入人的怀抱（比喻处境困难而投靠于人）。躬身入洞穴，自然抬不起头，“穷”就有受压抑、不得志、坎坷、曲折、困苦、贫乏的意思。同义词的组合就有困穷、贫穷、穷乏、穷尽。

穷的常用义是贫穷，指钱财用尽。贫穷自然不好，但人终不能固守贫穷。这就有《周易》的哲理：穷则变，变则通，通则久。成语“穷则思变”由此而来。友人常金仓教授写了一本关于文化史学的书，书名就叫《穷变通久》，很富哲理意味。

面对“穷”，各人表现不一样。《论语》载，孔子一行在陈国因缺粮，跟从的人都饿病了。子路很不高兴，就发问：“君子亦有穷乎？”孔子回答：“君子固穷，小人穷斯滥矣。”君子即使走投无路，还会坚守君子的品德；若是小人，就会胡作非为了。

穷、达相对，即分别表示失意、得意。各人应该怎样对待？孟子说：“士穷不失义，达不离道。”士人穷困不丢掉正义，得意也不离开正道。又说：“穷则独善其身，达则兼善天下。”失意时，坚守自家的品德；得意时，还得给社会做贡献。这与孔子的“君子固穷”是一致的。《孟子》书中的“穷民”指鳏、寡、独、孤，这四种人是社会上穷苦无靠的弱势群体。孟子说：周文王实行仁政一定要最先考虑他们。

儒家思想影响及于后代。《后汉书·马援传》载，马援对朋友说：“丈夫为志，穷当益坚，老当益壮。”是说男子汉大丈夫，处境越困穷，意志应当越坚定。初唐文人王勃在《滕王阁序》中对此加以发挥，写道：“老当益壮，宁移白首之心？穷且益坚，不坠青云之志。”

人生在世，希望事事如意，万事如意，那只是愿望而已。梁启超说："盖人生历程，大抵逆境居十六七，顺境亦居十三四。"人生旅程多半是在困穷中度过的，或者说人生下来就是要受苦受难的。有这样的认识，才能坦然面对艰难险阻。宋代欧阳修说得好，"盖愈穷则愈工，然则非诗之能穷人，殆穷者而后工也"。简要的说法，"文穷而后工"。文人越不得意，诗文就写得越好。这就是辩证法。正如孟子所说："故天将降大任于是人也，必先苦其心志，劳其筋骨，饿其体肤，空乏其身，行拂乱其所为，所以动心忍性，增益其所不能。"经过艰苦磨难，才能承担重任。元人高明的诗句："不是一番寒彻骨，怎得梅花扑鼻香。"也就这个意思吧。

古籍中常见的几个"穷"字，我们应该释读。

《庄子·逍遥游》："穷发之北，有冥海者，天池也。"成玄英注：地以草为毛发，北方寒沍之地，草木不生，故名穷发，所谓不毛之地。

陶渊明《桃花源记》有"复前行，欲穷其林"，这里的"穷"是个动词。穷其林，走到桃花林的尽头。

《荀子·荣辱》有"穷年累世"，成语有"穷年累月"。杜甫诗："穷年忧黎元，叹息肠内热。"穷年，指终年、长年、整年。作者一年到头为百姓命运忧愁，感慨叹息，内心受尽煎熬。杜甫不愧是忧国忧民的伟大的现实主义诗人。

读『理无或异』

《文选·史论》载沈约（字休文）《谢灵运传论》云：“虽虞夏以前，遗文不睹，秉气怀灵，理或无异。”《宋书》作“理无或异”。意思是明白的：道理没有不同。不过，“无或”二字就值得认真审视一番，有必要弄清二者的关系。

或无，无或，孰前孰后并不重要。无，表否定；或，表肯定。否定与肯定的组合，这才是实质。常用否定在前，肯定在后。“无或”就算常例、正例；“或无”是倒语，是变例。说不上谁是谁非。值得研究的，是否定与肯定的组合形式。

四川大学赵振铎先生在他的训诂学相关著述中指出：一个意义和它的否定意义同在一个词中，这是值得注意的一种正反同辞现象。举《左传》为例：

若爱重伤，则如弗伤；爱其二毛，则如服焉。（僖公二十二年）

若知不能，则如无出。（成公二年）

二三子若能死亡，则如违之，以待所济。若求安定，则如与之，以济所欲。（昭公十三年）

君若爱司马，则如亡。（昭公二十一年）

然则如叛之，病而后质焉，何迟之有。（定公八年）

这些地方的“如”，都是“不如”。

还有“盍”，同时兼有肯定和否定的意思。《论语·公冶长》有“盍各言尔至”，盍，何不也；《庄子·养生主》有“嘻，善哉！技盖（盍）至此乎”，盍，何也；又，《尧典》有“岳曰：异哉，试可乃已”，《史记·五帝本纪》作“异哉，试不可用而已”，可，即不可。

肯定与否定，用一个“词”表达，训诂学叫“正反同辞”。这种肯定与否定合一，让人想到肯定与否定连用。

《诗经·殷其雷》有“莫敢或遑”。莫，表否定；或，表肯定。

《尚书·大禹谟》有“罔或干予正”。罔，表否定；或，表肯定。

《尚书·微子》有“殷其弗或乱正四方”。《史记·宋微子世家》写作“殷不有治政，不治四方”。弗、不，表否定；或、有，表肯定。

《尚书·吕刑》有“尔罔或戒不勤”，又有“无或私家于狱之两辞”。罔、无，表否定；或，表肯定。

《尚书·文侯之命》有“罔或耆寿，俊在厥服”，《汉书·成帝纪》诏引作“罔克耆寿”。克，能也。罔，表否定；或、克（能），表肯定。

《周礼·考工记·梓人》有“毋或若女不宁侯”。毋，表否定；或，表肯定。

《礼记·月令》有“毋或作为淫巧”，还有“毋或不良”。毋，表否定；或，表肯定。

《左传·昭公十三》有“自古以来，未之或失也”，其中“未之或失也”是宾语“之”前置。未，表否定；或，表肯定。

《孟子·滕文公》有“北方之学者，未能或之先也”。未，表否定；能、或，表肯定。又“虽使五尺之童适市，莫之或欺”，其中“莫之或欺”也是宾语“之”前置。莫，表否定；或，表肯定。

《韩非子》有“毋或作利，从王之指。无或作恶，从王之路”，这是化用《尚书古义》“无有作好，遵王之道；无有作恶，遵王之路”。毋、无，表否定；或，表肯定。

《吕氏春秋·贵公》有“无或作好”，也是来自《尚书古义》。无，表否定；或，表肯定。

贾谊《论积贮疏》有“残贼公行，莫之或止”，其中“莫之或止”是宾语“之”前置。莫，表否定；或，表肯定。

否定与肯定连用，如同数学上的“正负得负”一样，只在表示否定。有人看不到这一点，就随意地视“或”为“语气词”“句中语气词”。

由“无或”想到《孟子·告子》上的话，被选在初中课本的《弈秋》，开篇就是“无或乎王之不智也”。杨伯峻《孟子译注》云：“或，同惑。”引《吕氏春秋·审为》高诱注：“惑，怪也。”译文作：王的不聪明，不足为怪。

或犹惑也，或同惑，或、惑同字，或作惑，或、惑古今字，或与惑通……训诂学家的这些解说不算错。问题是，在“无或”这个否定与肯定连用的复词中，这样的释义就说不通，当然也不可能将“无或”贯通解说。

怎样理解“无或乎王之不智也”？孟子绝不会说“王不聪明”“王不明智”之类的话。从前引诸多例证可以看出，“无或”是表否定的古代常用语，或不同惑，“无或”不是“无惑”。孟子的意思很清楚：君王不会不明白吧！下面才是孟子关于“弈秋”的论述。这样才算文通理顺。

王引之《经传释词》卷三，释“无或”为“无有”，“无有”即“无或”，“有”字通作“或”。“无或”的“或”不是“语气词”“句中语气词”。有、或，表确认、表肯定。“无或”体现了汉语词汇“两两相并”的组合关系。

衣食住行

抱『布』贸丝

读过《诗经》的人，应该都会记得“氓之蚩蚩，抱布贸丝”这两句，其中的“布”字各家讲法却又不同。我们就说说古代的“布”吧！

20世纪，我们穿戴的主要是棉布制成的衣服，其基本材料来源于棉花。棉花是唐代从印度传过来的，那时的种植并不普遍，真正有规模的纺织始于元代。松江（今上海市松江区）有个黄道婆，流落崖州（今海南省三亚市），从黎族人处学得纺织技术，带回松江，棉纺织业从此繁荣起来。

古人的穿着是讲究身份的。上古，虞夏商周，社会分贵族、平民两个等级。注意，并没有奴隶主、奴隶之类的说法。贵族指王、公、大夫、士，平民（黎民、庶民、兆民、万民）当然是主体。贵族享有特权，可以穿丝织品，平民穿麻织品。最早，

布　金文　篆文

应该都是麻织品。《诗经》记载，“丘中有麻”“麻麦幪幪”“禾麻菽麦”“艺麻如之何”，可见是大量种植麻；“可以沤麻”“不绩其麻”，指麻的加工；“麻衣如雪”，指麻织品洁白如雪；“为絺（chī）为绤（xì）”，指麻制品有粗有细。贵族穿如雪的麻衣，平民穿粗制的褐，甚至“无衣无褐”。

甲骨文已有桑、蚕、丝字，至迟商代已经有丝织品了。《诗经·七月》“条桑”“载绩”“载玄载黄”“为公子裳”，丝织品是供贵族穿戴的。古代布帛、布缕连用，布指麻织品，帛、缕指丝织品。布衣，指平民，平民穿麻织品。

《论语》有“齐（斋）必有明衣布”。斋戒沐浴，要有浴衣，用布做的。这里的布，还是麻织品。按照礼仪，祭祀时贵族得穿丝织品，所谓“玄衣黄裳”。这说明在春秋时期，麻织品很普遍，贵族也会穿的，那应该是细麻衣，“麻衣如雪”吧。20世纪70年代我到过湖南株洲的乡下，当地就产如雪的麻织品，叫夏布。那是远古麻衣的传承。中华文化就这样，既悠久又延续。

战国时期的《孟子》，有“许子必织布然后衣乎”“女有余布”“布帛长短同”“布缕之征”，“布”指的还是麻织品。《孟子》

一书的“布”只有一处指钱币，“廛无夫里之布”（即居处不征收地税），里布即地税，如同今之房产税。因为战国时期已有布币了。而今我们还能看到战国“三晋”（韩、赵、魏）布币的实物。

《史记·平准书》云：“虞夏之币……或钱，或布，或刀，或龟贝。”那是笼统说的，西周钟鼎多有“贝”，可见布币出现较晚，流行于战国是肯定的。

再读“抱布贸丝”，应该视为以物易物的市场交换行为，不必把这里的“布”看成布币。虽然《诗经》的权威解读者毛亨说“布，币也”，那是他用他当时的眼光在解说，他就是在使用着布币啊！

春蚕到死丝方尽

“春蚕到死丝方尽，蜡炬成灰泪始干。”这是晚唐诗人李商隐的名句。“丝”谐音“思”，到死思方尽，指对爱情忠贞不渝。思亦丝也，绵绵不断无穷无尽的情思如丝。

“丝”字在甲骨文中已大量出现，从二糸，会意。《说文》云：“丝，蚕所吐也。”甲骨文的蚕字，是象形字。小篆的蠶，从二虫，上是声符，是形声字。简化成“天虫”，含有上天赐予人类的益虫之意。相关的桑字，甲骨文象桑树之形。桑又是地名，“桑间濮上”，桑间在今河南濮阳西南，是五帝之一颛顼的故地。

种桑养蚕在我国有悠长的历史。《尚书·禹贡》载：“桑土既蚕，是降丘宅土。”《诗经·七月》有“蚕月条桑”“爰求柔桑”“猗彼女桑”的文字，《诗经》还有“抱布贸丝”“素丝祝

丝　甲骨文　金文　篆文

之”“丝衣其纾（fóu）”的文字，周代的丝织品已是常见了。夏商周三代社会主要有贵族、平民两个阶级，丝制品只限于贵族享用，平民是穿麻制品，叫“褐”。《诗经·七月》“载玄载黄，为公子裳”，是说把丝帛染成玄色、黄色，给贵族公子做衣服。贵族重视祭祀，祭祀服装得玄衣黄裳。

到了春秋后期，自由民大量涌现，与没落贵族的“士”合为一体，孔子的学生大都属于这一群体。战国的士人可以受教育，可以有姓，当然也有资格穿丝织品了。《孟子》载，孟子问农家学派的弟子，你们许行先生戴什么帽子？弟子回答“冠素”。素是不染色的白丝，也许头上戴的就是丝制头巾。而许行与“其徒数十人，皆衣褐”，穿的粗麻布。孟子提出施仁政、行王道，其具体措施就有“五亩之宅，树之以桑，五十者可以衣帛矣”，说明穿丝帛并不普遍，“衣帛”还是很多人的愿景。

文字的书写，过去用木牍、竹简，毕竟保存不易，容易朽腐，书于丝帛就不同了。《墨子》载：“书于竹帛，镂于金石，琢于盘盂，传遗后世子孙。”长沙战国楚墓就出土了战国帛画三幅，周边还有文字。汉代书于丝帛就更普遍了，马王堆汉墓就出土了五件帛画，以及帛书《老子》、帛书《周易》等珍贵文献典籍。

想到与丝有关的两个字：继与绝。继，续也。篆文作繼，古文字无糸，只有右边。正是古文字“绝”的反写。绝，断丝也，从刀断丝会意。字形相反，义亦相反。上丝下丝，古文字刀字分裂，成反匕。对照继字右边，反写就是古文字“绝”字。

说到“绝”字，让人想起一则故事。两位国学大师章太炎、黄季刚有师生之谊，1935 年季刚先生五十寿辰，太炎先生赠一寿联：“韦编三绝今知命，黄绢初裁好著书。”太炎先生本意是催他写书，他却认为是要应验的谶语，很不高兴。他对学生说：此中有“绝命”二字。上联末字是“命”，下联“黄绢”，色丝也，于字为绝，合起来是“命绝”二字。以“色丝”释“绝”，是指今字体，与“从刀断丝会意”的古文字大不一样。黄先生是年重阳病故，果然成谶。

民以食为天

——说『乏困』

讲中国远古历史，会有若干分期，什么渔猎时期、游牧时期、农耕时期等。不难看出，都与人的生存有关，都涉及吃饭问题。民以食为天，这是一点不假的。正因为如此，学习古代历史，处处都得考虑到古人的“吃饭问题”。生产力低下，总是不够吃。春秋战国征战不断，“胡人南下而牧马”，汉武帝讨伐匈奴，历朝历代农民起义……侵略战也好，保卫战也好，无外乎一个原因：为“吃”。民以食为天，方块字中与“食”有关的就不少。今天介绍两个字：乏与困。

乏，《春秋传》曰：“反正为乏。”正字反写就是乏。篆文一目了然。什么是正？《说文》：“从止一。”止是足趾，一表示停于此处，立正，不走了。乏与正反，不仅字形反，其义亦反，乏就是往前走、往外走，也就是出门。出门怎么就“乏”？没

甲骨文

金文

篆文

吃的呀！

困，《说文》云“故庐也，从木在口中”。口读围，是围席，下面支着几个木桩。就是“故庐”，住人的房子。乏是出门，困是居家不出门。不出门怎么就“困”？没吃的呀！

乏、困在古籍中常常连用，指饮食供应不上，所以要“共（供）其乏困”，供应粮食啊！

出门没饭吃，外面没有饭馆吗？《庄子·逍遥游》云：“适百里者，宿舂粮；适千里者，三月聚粮。”出门的话，得自备干粮。试想，普通人户家无余粮，何来饭店？孔子的学生子路运气好，出门掉了队，遇一丈人，“止子路宿，杀鸡为黍而食之”，黍是细粮呢。这样的殷实人家又有几个？子路的同学颜回，“一箪食，一瓢饮”；就是孔子，也是“饭疏食，饮水，曲肱而枕之”，吃粗粮，喝凉水，弯着胳膊做枕头。这一切源于生产力低下，缺衣少食。

《东周列国志》载，有两个读书人从中原同往楚国谋生，自带干粮。不想楚国太远，准备不足，走到半路发觉干粮已不多了，要是两人继续同行，都得饿死路途。于是其中一人主动说

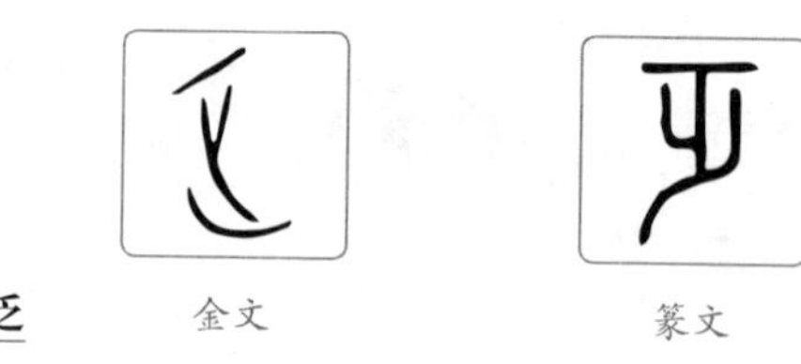

道：与其同时饿死，不如你带上所有干粮去楚国吧，我留下来不走了。彼此挥泪而别，最终一死一生。故事挺感人的。

孟子说“途有饿殍”，杜甫诗句有“路有冻死骨”，都是没吃饿死的。

不要忘了，古人是吃两餐：朝食、晡食。朝食，又称蚤（早）食、食时，“食时者辰也”，相当于上午九点前后吃饭；晡食又称餔时，“晡时者申也”，相当于下午五点前后吃饭。贵州一些贫困山区至今还沿袭一日两餐。干吗不吃三餐？没有生产那么多食物啊！

民以食为天，说明食物的重要，也提醒你食物的紧缺。珍惜五谷、勤俭持家从来就是中华民族的美德；挥霍奢侈，尤其是浪费粮食，会遭到劳苦大众的严厉谴责。

须知盘中餐，粒粒皆辛苦！

行行重行行

东汉时期的《古诗十九首》是中国古代五言诗成熟的标志，对后世诗歌创作影响深远。其第一篇就是《行行重行行》，首句也是标题，是说：走啊走啊，再往前走啊！抒写对远行朋友的思念。自古及今，“行”字用得相当普遍，有必要说一说。

许慎《说文》云：“行，人之步趋也，从彳（chì）从亍（chù）。”行指人的行走，彳、亍会意。又“彳，小步也”，“亍，步止也，从反彳”。反彳为亍，如同“反正为乏”，字形相反其义亦反。人的行走，左脚进一“小步”，右脚还“步止”，一进一止，不断向前，这就是“行”。组成“行”字的彳亍，意思是走走停停，欲进不进，犹豫不决，是个联绵词，不能分开单独使用。

《说文》的解说并非“行”字的本义。我们有幸看到比小篆

行　甲骨文　金文　篆文

更早的甲骨文、金文（钟鼎文），甲骨文、金文的行为𠆎、𠁥，像十字道路。《诗经·七月》："女执懿筐，遵彼微行，爰求柔桑。"女子提着深竹筐，顺着那条小路，去采摘嫩桑叶。微行，小路。行，古音读 háng，这里用的是本义。道路是供人行走的，引申为动词行走就很自然。许慎说的已经是行的引申义了。

语音变化，到了中古，"行"有两读：洪音读 háng，细音读 xíng。类似两读的字很多，如下吓 xià-hà，巷项 xiàng-hàng，许浒 xǔ-hǔ。

读 háng 的有太行山、行列、行伍、行业、行院、行市、行规、行话、行会、行帮、行辈、行货、行款、行家、行当、排行、银行、商行、牙行、内行、外行、本行、同行、戎行、周行、雁行、班行、在行、兄弟行、丈人行。

读 xíng 的有行走、行军、行使、行驶、行事、行医、行政、行装、行李、行状、行者、行人、行止、行遁、行旅、行役、行媒、行色、行年、行书、行头、行在、行营、行辕、行台、行部、行省、行都、行酒、行令、行成、行幸、运行、实行、施行、试行、平行、横行、上行、下行、同行、并行、偕行、随行、蛇行、爬行、旅行、步行、起行、远行、进行、履行、送行、饯行、航行、游行、早行、夜行、歌行、长歌行、短歌行、琵琶行、万里行。

应当注意，有的词语是不能按字面意思理解的。如行藏，出自《论语》“用之则行，舍之则藏”，后来用以指出处或行止。行成，指求和，出自《史记》勾践“行成于吴”。行李，古籍中指的是使者、外交官。“李假借为理，实为吏”，行李即行理、行吏。大行，一去不返，臣下讳皇帝之死。雁行，字面是飞雁的行列，因平列而有序，引申为兄弟之称。

行的反义是坐，所以有“行歌坐月”“行商坐贾（gǔ）”。行与走同义，就有“行尸走肉”，比喻庸碌无为的活死人。行与流同义，就有“行云流水”，比喻文章布局自然，不受拘束。德行同义，所以连用。细微差别更要注意：德指思想修养、精神层面，行指所作所为、具体行为，一虚一实。

古人名言“行百里者半九十”，是说做事越接近成功越困难。大凡做事，得有战胜一切困难的思想准备，才能最终成功，决不可半途而废。

“行”字的广泛使用，让我们明白汉字有丰富的表达能力，汉语所蕴含的思想博大精深。

门当户对

旧社会男女通婚，要求双方政治、经济地位相当，这样结亲就合适，叫门当户对。《说文》云：“门，从二户。”又说：“半门曰户。”“门”和“户”都是象形字。户是房门，向左或向右开，古文户下加木为床，篆文省去“木”字为户，说明自古都是木制门户。《诗经·斯干》有“筑室百堵，西南其户”，堵是指筑的墙，户是开的门。门户二字，甲骨文至今，写法没有变化，说明殷商时期就这个样。有了门户有了家，社会已相当进步。远古却并非如此，“架木为巢”“穴居洞处”，那才是先民生活的真实写照。

一门之内为一家，门就有家、家族的意思。《三国志·蜀书·先主传》有“汝勿妄言，灭吾门也”。灭吾门，即灭掉我们家族。“一门老小”“长门长子”的门，是指家。门、户是供进出的，进出口也可叫门叫户，如洞门、仓门、窗户；唱戏的台

门

甲骨文　金文　篆文

子有上马门、下马门，是供剧中人出入的。门又指类别：分门别类，五花八门，门类繁多。“书凡九门”，这部书共分九个门类。儒门、佛门、左道旁门，指学术思想派别。学术思想由师父传授，弟子叫门徒、门生；弟子得拜门，彼此称同门。安置在门额上的匾是门匾，贴在门上的对联叫门联。有权有势叫门阀，官府称衙门。不通事理的偏见是门户之见。富贵人家叫高门大户。外表叫门面，应酬语是门面话。热热闹闹、来来往往的人很多叫门庭若市，宾客稀少十分冷落为门可罗雀。外行叫门外汉，能得实惠是门槛精。千古传诵：大禹治水，三过家门而不入。

门户供人进出，门户也反映主人的地位与等级。官宦人家是朱门、豪门、侯门，老百姓只有柴门、蓬门。

涉及门户的诗文名句就更多了。

李密《陈情表》：“外无期（jī）功强近之亲，内无应门五尺之童。”应门，为来客开门。

贾岛诗有“鸟宿池边树，僧敲月下门”，亦作“僧推月下门”，推敲的典故源于此。

白居易《长恨歌》有“姊妹弟兄皆列土，可怜光彩生

门户”。

杜甫诗云：“朱门酒肉臭，路有冻死骨。”

陆游《关山月》：“朱门沉沉按歌舞，厩马肥死弓断弦。”

崔郊的诗：“侯门一入深似海，从此萧郎是路人。”

贺知章有“唯有门前镜湖水，春风不改旧时波”。

李白送别杜甫诗：“何时石门路，重有金樽开？”石门，山有石峡对峙如门，故名。

李白诗：“仰天大笑出门去，我辈岂是蓬蒿人。”

耿湋诗：“枥上骅骝嘶鼓角，门前老将识风云。”

刘长卿诗：“柴门闻犬吠，风雪夜归人。”

杜甫《客至》：“花径不曾缘客扫，蓬门今始为君开。”

钱谦益《南归感事》：“门外天涯迁客路，桥边风雪蹇驴情。”

《论语》载，子贡曰：“夫子之墙数仞，不得其门而入，不见宗庙之美，百官之富。得其门者或寡矣。”这是子贡赞扬老师孔夫子的学问博大精深，真正能够找到大门的人并不多。“不得其门而入”，已经是千百年来广泛使用的成语了。

安于泰山

西汉辞赋家枚乘，曾在吴王濞手下供职。吴王要谋反，枚乘上书劝阻，这就有《上书谏吴王》一篇文章。他写道："必若所欲为，危于累卵，难于上天。变所欲为，易于反掌，安于泰山。"所欲为，指吴王想谋反。你要谋反，危险如同堆叠鸡蛋，有如登天之难。改变你谋反的想法，如反掌之易，你的地位也会如泰山般安稳。后来吴王起兵闹事，最终覆灭，这就是汉初的"七国之乱"。就这两句话，引发出五个成语供后人使用：为所欲为、危如累卵、难于上青天、易如反掌、安于泰山。其中，只有"危于累卵"是引用《战国策》的原话。枚乘的文章说得明白：谋反必危，不反则安。

什么是"安"，怎样才"安"？我们得好好思索。

安，上部是宀（音 mián），甲骨文字形上部是⌒，房子的

安　甲骨文　金文　篆文

剖面图，屋檐下两根立柱；下部是个“女”字，屋内有女，家中有女主人支撑着。单身汉混迹社会，只有结婚娶妻才算“安家”，从此身心安定、生活安定、安居乐业。这就是“无妻家乱，有女家安”。男女成家，各有分工，男主外，女主内。男人在外多动，女人在内多静。屋内有女为安。《说文》云：“安，静也。”安的本义就是安宁、安定、安静、平安。《周易·系辞下》有“君子安其身而后动”，有了家才会大有作为，就是成家立业的意思。古代社会是提倡男女结合、儿孙延续的，单身、丁克家庭会被视为一种不正常的病态。

安，也反映上古人们的追求。一要有个安身的房子，二要有个妻子，这样才叫“安”。就是在今天，无房户或住房拥挤户，也还被称为困难家庭。有别墅、有高楼，当然是富裕之家。过去的达官贵人，富豪显要，少不了三妻四妾；而贫穷人家往往娶不到媳妇，无力结婚。贫富悬殊就反映在“安”字上，人人得安，社会才安。《论语·季氏》中孔子有言：“不患贫而患不均，不患寡而患不安。”财富均衡，便无所谓贫穷。《荀子·王霸》称“国安则无忧民”，国家安定，老百姓才能无虑无忧。官僚富翁挥金如土，下层民众缺衣少食，还谈什么“国安”？可见，整个社会的安定，永远是我们追求的目标。

安的反面是危，危险之极叫“危如累卵”。传统文化强调“居安思危”。处在安稳舒适的环境，要想到危险、困难随时可能发生。有了这个思想准备，就可以坦然面对任何困难。

儒家讲究个人修养：“居无求安”，不要追求豪华舒适的住房；“恭而安”，严肃而安静；“老者安之”，让老年人过得舒适；“修己以安人”，修养自己让别人安乐；“修己以安百姓”，修养自己，让所有百姓安乐。以上见诸《论语》。孟子也强调“百姓安之”，见《孟子·万章》。

人死了，要好好安葬，不能抛尸荒野，这叫“入土为安”。

人生在世，最要紧的是求一个平平安安。给亲朋好友的祝愿，少不了“祝你平安”。

安，借作疑问词，是“怎么”“哪里”的意思，与本义“静”无关。秦末的陈胜打短工而口气很大，“燕雀安知鸿鹄之志哉？”唐朝李白傲视权贵，不肯苟且屈从，有诗“安能摧眉折腰事权贵，使我不得开心颜”。杜甫的伟大，体现在他的诗篇：“安得广厦千万间，大庇天下寒士俱欢颜，风雨不动安如山。”

客舍青青柳色新

“客舍青青柳色新”是王维《渭城曲》的诗句，写客舍柳青之时，渭城送别友人。后两句脍炙人口：“劝君更尽一杯酒，西出阳关无故人。”青青柳色无须说，就说“客舍”吧。

客字上部为宀，指房子，供人居住的地方，下部是“各”字。各的甲骨文字形为，上部是止，下部是∪，指人住的洞穴。“止”朝上，人从屋里出去，是“出”字。“止”朝下，表示人到屋里，是“各”字。各、格，有“来”的意思，也有“止”的意思，这在甲骨文、金文中比较常见。好用古义的《尚书》，“格”也是常用词，来的意思，如“格！汝舜”。

客，指从外地来到房子里暂时居住下来的人。《说文》云：“客，寄也。”王筠《说文句读》：“偶寄于此，非久居也。”客人各式各样，受主人邀请的是贵客、宾客，不邀而至的是不速

之客，寄食于豪门的是门客、食客，以做官为职业的是政客，行凶之徒为暴客，还有乘客、说（shuì）客、侠客、刺客、词客、骚客、座上客。江南的“客家人”，祖籍本在中原，历代被迫迁徙，不得不客居他乡，为了与土著民相区别，自称“客家人”。《说文》：“客，从宀，各声。”许慎以为“各”是声符。其实，这个声符是兼有意义的。声兼义，是汉字构造的常见现象。

苏轼的诗《南堂》：“客来梦觉知何处，挂起西窗浪接天。”贬居黄州，自然是“客”。一觉睡醒，不知身在何处，打开西窗，窗帘挂起，只见江水汹涌，浪与天接。

舍的甲骨文字形为（余），就是指房舍。原始房舍由独木支撑，就是“余”字。中间这根柱子是关键，房屋全靠它支撑。“余”字义引申，成为有地位、有权势之人的自称。商王自称“余一人”，贵族在王的面前自称“余小子”。字义扩大，余者“我”也，自称通用“余”字。屈原《离骚》有“肇锡余以嘉名”，辛弃疾词有“江晚正愁余，山深闻鹧鸪”。

余、馀，是两个字。“多馀”简化为“多余”，就很不妥帖，

舍 甲骨文 金文 篆文

容易混淆。“馀年无多”与“余（我）年无多”是两回事。余、馀，也是两个不同的姓氏。台湾诗人余光中，不能写成“馀光中”；后燕有个叫馀蔚的，就不能写作“余蔚”。

余，本是房舍，通用为自称，就在下面加口成“舍”字，表房舍之义。人的住房有长住、暂住的区别，舍是暂住的房子。客舍连用，指过往客人暂住的房子。客舍又叫宾馆、客馆、旅馆，社字代舍，同音替代，旅舍也叫旅社。宿舍，也是暂住，如同客舍，用的是本义。《左传 · 庄公十年》“凡师一宿为舍”，住一个晚上叫舍。先秦时期，行军三十里为一舍。“退避三舍”就是后退九十里。

客舍是暂住，舍字引申为舍弃。区别字义，读成上声；字形加以区别，加手旁作“捨”。

《论语》载：“子在川上曰：‘逝者如斯夫，不舍昼夜。’”舍，停留义。又载，孔子“舍瑟而作”。舍瑟，把瑟放下；作，站起来。又载，“用之则行，舍之则藏”。舍与用，对文，舍就是不用。

《孟子 · 告子》中的一段话，很多人常常引用：“鱼，我所欲也。熊掌，亦我所欲也。二者不可得兼，舍鱼而取熊掌者也。生，亦我所欲也。义，亦我所欲也。二者不可得兼，舍生而取义者也。”孟子强调要舍生取义，这与孔子“无求生以害仁，有杀身以成仁”是一致的。儒家以为，仁义比生命更为重要。

归来吧，游子

中央电视台直播“在华留学生汉语大赛”，一位来自西方的小伙子展示才艺，演唱《故乡的云》，首句是：“归来吧，归来哟，浪迹天涯的游子。”小伙子唱得声情并茂，给我留下深刻印象。他远离父母，千里万里，少不了对父母的牵挂。要是这小伙子真的进入了“游子”的角色，具有恋亲思乡的情结，他才算接受了中华文化，而不是仅仅会说几句汉语。

提到“游子”，自然都记得唐代诗人孟郊的《游子吟》：“慈母手中线，游子身上衣。临行密密缝，意恐迟迟归。谁言寸草心，报得三春晖。”这就是中华文化体现出来的深挚的母爱，他由一个远离家门的游子唱出来，感人至深。今人创作歌曲《故乡的云》，也是在礼赞母爱，与诗人孟郊的情感是一致的。

汉字的“游”值得说一说。今人“游”的使用，兼并了

游　甲骨文　金文　篆文

“遊”字，还隐含了一个“汓”字。游与遊，本是两个不同的字，当今作为“同音归并”，合二为一了。查《新华字典》就知道，“游”字 6 个义项，就包含了“遊”字的 3 个义项。在过去，“遊”字的使用范围还要广泛些。《论语》《孟子》除了人名“子游”，就没用“游”字的，而“遊”字却用得多。

游，《说文》并不在“水部”，而与旗、旌、旅、族同在一部。“游，旌旗之流也。从㫃（yǎn），汓（qiú）声。”声符是“汓”，其余部分是形符。这是一个形符、声符交错的字。形声字的组合，或上下，或左右，或内外，这是“正体”；形符与声符交错，就不好识别了，算“变体”。一般人把“游”字看成“三点水”，还只是皮相见解。“汓声”的“汓”，《说文》云“浮行水上也。从水子”，会意小儿水中浮游。又“汓或从囚声”为“泅”。汓，会意字；泅，形声字。两者是异体，造字方法不同而已。泅水就是浮行水上，也叫划水，今天叫游水。汓，就是游水的意思，算是初文。以“汓”作声符，再造“游”字，描绘旌旗的飘动、飘游。“游”字用得多，“汓”字反而少用、不用，这叫“游行汓废”，是汉字使用过程中的普遍现象。

再看“遊”字，它偏偏又不在“辵部”，许慎将它列在“游”字之下，说是“古文游”。写法是“辵＋氺子”，“氺子”上下组合。实质就是“辵＋汓”。这个“遊”是走动之游，突出的是辵，“走之”的辵。汓、游、遊，三字同音，初文是“汓”，三字各有所指。与行走有关，古人是不会用“游”的。《论语·里仁》：“子曰：‘父母在，不远遊。遊必有方。’”儒家强调“养亲”“慎终”，父母在世，不出远门，即使外出，去处一定要明确。这就是出门在外的“遊”。《论语·述而》载：“子曰：‘志于道，据于德，依于仁，遊于艺。’”目标在“道”，根据在“德”，依靠在“仁”，遊于六艺之中。这个“遊”，是愉快求学之义。孔子提出“益者三乐，损者三乐”“乐骄乐，乐佚遊，乐宴乐，损矣”，以骄傲为快乐，以游荡玩耍为快乐，以吃喝为快乐，便有害了。这里的“遊”，是闲逛、游荡，贬义。

出门在外，是求学，是谋生，是游玩，是放荡，林林总总在古代都可用“遊”字表述，字义很宽泛。到了具体的语言环境，解释就得确切，落到实处。《孟子·尽心》载：“子好遊乎？吾语子遊。”朱熹解说为“遊说”。又《离娄》载：“夫子与之遊，又从而礼貌之。”“与之遊”，跟他交往，这是交往、交游。又“观于海者难为水，遊于圣人之门者难为言”“遊于圣人之门”，指在圣人门下求学。

人生一世，谁个不出门，谁个不远游？你在外，免不了思亲思乡；你在外，免不了家中人企盼你早日归来。思亲之情、望乡之愁会相伴你一生一世。曹植诗“游子久不归，不识陌与阡”，久不归家，道路难辨。高适《燕歌行》“少妇城南欲断肠，征人蓟北空回首”，算是两地相思。贺知章《回乡偶书》人尽皆知：“少小离家老大回，乡音无改鬓毛衰。儿童相见不相识，笑问客从何处来。”人虽老，总算“叶落归根”。

中国人怀乡念祖，不忘根本，这是血缘文化的体现。不少外国青年，背井离乡来到中国，学习汉语、中华文化，耳濡目染，的确难能可贵。

葬与殉葬

人死了要葬，尤其是亲人死了，不能抛尸荒野。怎么个葬法？各民族各有习俗。水葬、火葬、土葬、天葬，方式不同。《楚辞·渔父》有“葬于江鱼之腹中”，可称水葬。火葬即火化，自古即有。西藏的天葬，人尽皆知。中原先民的葬法还得从文字上考释。

《说文》云：“葬，藏也。从死在茻中，一其中所以荐之。《易》曰‘古之葬者厚衣之以薪’。”葬的甲骨文字形为，茻中一人，即把死人埋放在草丛中。就是《易》的“厚衣之以薪”。小篆从死或从人，意义一样。小篆在死字下有个“一”，是放置尸体的垫子（“一其中所以荐之”），有人认为这是表示天葬。葬字的结构中上下有草，有人认为是以火燃草化尸，当是火葬。我以为，甲骨文的写法与《周易》的解说最值得肯定。这个

葬

甲骨文

金文

篆文

《周易》，是《周易·系辞》，是孔子的文字，是说古代的葬俗，还说“葬之中野，不封不树”，即既不堆土，也不树立标志。春秋末年，吴国伍子胥临死前让人“树吾墓槚”，槚就是楸树，在他的墓地栽一棵楸树。可见，先秦还是“墓而不坟”，不建坟冢。伍子胥的要求只是栽棵树有个标志而已。其实，墓就是埋，习俗“不封不树”，埋葬了事，入土为安。

与葬有关的是殉葬，拿活人陪死人埋葬。读过《诗经》的都知道，“交交黄鸟”，秦国之良臣子车氏三兄弟殉葬秦穆公。据《史记》载：秦武公卒初以人从死，从死者六十六人；穆公卒，从死者百七十七人。秦始皇崩，后宫皆令从死，工匠生闭墓中。西周以前，秦在西戎，周孝王时归周保西垂。秦的殉葬，儒家说实“出于戎翟之俗”。不少史学家以为，这就是中国古代奴隶社会的见证。又，出土的墓穴，也常有人殉发现，似乎更能证实古代确有奴隶社会。要是冷静思考，殉葬、陪葬并不能证实有奴隶社会。因为殉葬、陪葬的并不都是奴隶，主体并不是奴隶。陪葬的不仅有人，还有死者生前喜爱之物、常用之物。墓穴中出土的珍宝玉石、陶器鼎簋、钟磬竹简、车马金银，都能说明问题。天子贵族，会让低贱得比罪人不如的奴隶陪葬？陪葬的一定是死者生前的至爱。《左传·宣公十五年》载，魏武子（魏犨）有嬖妾，无子，魏武子病了，对儿子魏颗说，他死后把她嫁出去。待他病危临死了却说，让她为他殉葬。魏武子死后，魏颗没有让这个年轻女子殉葬，而是嫁了出去。后来这个女子的父亲结草报恩，让魏颗在战场上俘获秦将杜回。成语“结草衔环”的“结草”就来之于此。魏武子开始为什么说把她嫁出去，临死却又让她殉葬？缘由是相同的，太宠爱这个女子了。夫死妻也不想活，愿意去死，实同陪葬、殉葬，体现伉俪情深。用奴隶陪葬、殉葬，岂不违背常理？以此证明中国古代有奴隶社会，的确是越走越远啦。

器物鸟兽

字 字 有 文 化

鞭策就是力量

在人生的旅途上，任何人都需要支持与鼓励。一个人要做好一桩事，不仅要付出自己辛苦的劳动，还得有长辈的指导，朋友的帮助。离开了这种指导与帮助，个人将一事无成。说得文雅一点，就是离不开“鞭策”。鞭策是我们事业成功的动力，鞭策是我们前进的力量。

鞭，从革，便声；是个形声字，左形右声。古文“鞭”字作[illegible]，下是攴，手持卜。《诗经·七月》有“八月剥枣”，剥的本字就是攴（pū）；鞭字古文上是亼（jí），像攴棍的包皮。这个包皮当然用的是皮革。《尚书》有“鞭作官刑”，《左传》有“鞭之见血”，可见鞭是用来打人的。

策，从竹，是竹片一类，《说文》云“马棰也”。棰，“所以击马也”。“以策击马曰敕”，可见策是用来打马的。

鞭　甲骨文　　金文

篆文

人不听教诲用鞭打，马不听使唤用策击，在击打的意义上鞭、策是同义词，所以连用，清代语言学家称之为“连文”，今天叫“同义复词”。

鞭策，词义有虚有实，实义是鞭打，虚义是教诲鼓励。其实，任何字词都有实义、虚义之别，只不过一般人不注意罢了。鞭策，而今多用以对人，且常用虚义。人生在世，从无知到有知，是需要父母、师长教诲的。《增广贤文》讲，“养子不教如养驴，养女不教如养猪”。话虽难听，道理千真万确。这句话强调一个“教”字。

教的方法各式各样，教的结果自然千差万别，“教”是一门高级艺术，教师理应得到尊重。《红楼梦》中贾政教宝玉是用棍棒，贾母就不赞成，她对张道士说，是宝玉的老子把宝玉逼得痴呆呆的。优秀教师在于他教书育人的技艺高超，如同高明的赶车驭手善于使用他手中的“鞭策”。迷信棍棒，贾政是不宜当教师的。

我很欣赏那个“逼”字，有生活阅历的人都明白，人都是被“逼”出来的。不逼就难于前进，往往得过且过，不思进取。小时候读过私塾的人都有体会，塾师要你背书，最早是《三字经》《百家姓》《千字文》，所谓“三百千”；而后是学习幼学、对偶、四书、五经；接着还有唐诗、古文等。背过书的幼童，再读书就不觉得难了，还能自觉地读书背书。老师不逼，谁去背诵？“逼”还是少不得的。有人抱怨而今不出大师，恐怕是教不得法吧！

正确的教育方法应该是父母师长以身作则，言传身教，做孩子的榜样；同时，教诲鼓励，给予鞭策，为他们提供不断前进的动力。不难明白，鞭策就是力量。

弓矢斯张

“弓矢斯张”是《诗经·大雅·公刘》中的一句，这首诗叙述周民族远祖公刘带领周部落从邰迁豳、最后定居在豳的史实。迁豳的场面很壮观，周民“弓矢斯张，干戈戚扬，爰方启行”。拿起干戈、斧钺，箭上弦，弓开张，开始启程向前方。这又让人想到杜甫《兵车行》的诗句：“车辚辚，马萧萧，行人弓箭各在腰。耶娘妻子走相送，尘埃不见咸阳桥。牵衣顿足拦道哭，哭声直上干云霄。”周民族为求生存、求发展而迁豳,《诗经·大雅·公刘》写得斗志昂扬，有气派；杜诗写实，生离死别，很悲壮。两诗的时代，上下两千年，而弓矢（箭）还是那个弓矢。今天就说说我们祖先发明的弓矢。

华夏先民仰观俯察，认识了大自然，理性的总结成就一部《周易》。在理论的指导下，见物思法，法在一个器字上。这是

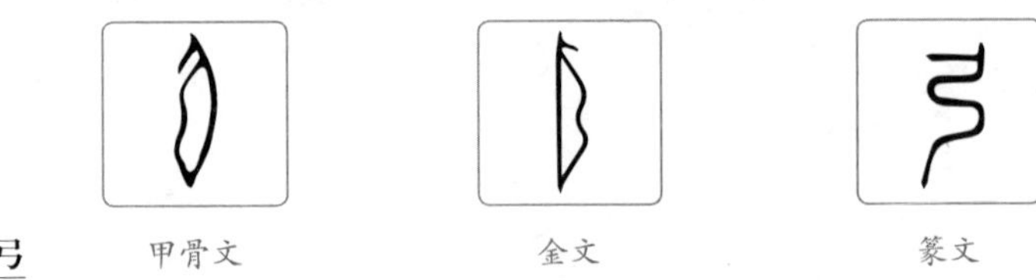

弓　甲骨文　金文　篆文

远古的“仿生学”，效仿自然界的物象搞发明创造，就是“尚象制器”。器，指先进的劳动工具、先进的生活器具、先进的自卫武器。远古的发明创造，至今还在影响我们的生活，舟车、杵臼、网罟、弓箭、干戈、耒耜、鼎盂、斧锯……

文字记载，弓矢是一个叫羿的人发明的。羿是五帝时代帝喾的射师，也是一位部落首领。此后，善射的就叫羿。《楚辞·天问》《淮南子·本经》载，帝尧时候，天有十日，十日并出，草木枯焦，羿射九日，天下始安。其妻嫦娥，奔月而为月神，就是嫦娥奔月。《左传·襄公四年》载，夏代有穷氏国君叫羿，应该就是帝喾时代射师羿的后人，因夏民以代夏政，羿“恃其射也，不修民事（不关心民众）”，他的弟子寒浞率“家众烹而杀之”。羿与寒浞篡夏共 39 年，少康立才恢复夏政。

羿善射，教了不少学生，除了寒浞，还有一个叫逄（páng）蒙的。《孟子》载：“逄蒙学射于羿，尽羿之道，思天下惟羿为愈己，于是杀羿。”其实，寒浞是主谋，逄蒙是学生又是家众，是参与者。此事在《庄子》《吕氏春秋》《史记》《汉书》都有记载。

弓矢既是生活器具，又是自卫武器。远古生产力水平低下，

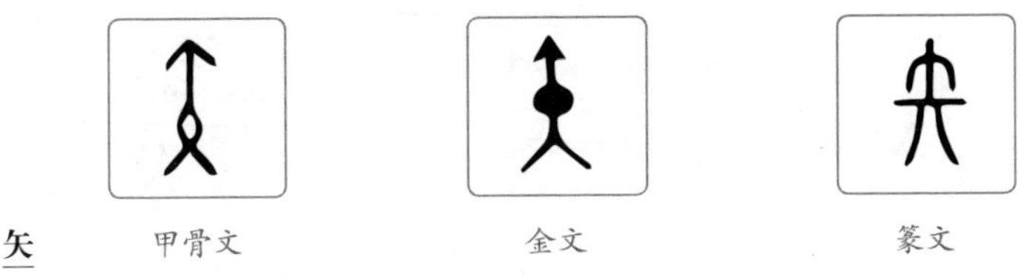

矢　甲骨文　金文　篆文

人们必须狩猎以补充食物，面对迅速奔跑的野物，弓矢的作用得以发挥。华夏民族勤劳而好礼，把弓矢理解为自卫武器比较准确。儒家大师孟子以为，造箭的人生怕他的箭不能伤到人，他以此理解为进攻性武器。他还说“弓人而耻为弓，矢人而耻为矢”，造弓矢的以造弓矢伤人为耻辱，不如好好行仁德。为了宣扬儒家之仁，连弓矢的创造也否定了。儒家的问题就在这里，丢掉了先民的“尚象制器”，理论上头头是道，就是不提倡创造发明。

上古，善射的叫羿，说明习射重家法、有传承，世世为射。祖传世家，这是传统文化的特点。上下五千年，神射手自然不少。楚国有养由基，百步穿杨；匈奴有射雕手，“弯弓射大雕”；汉有李广，射石沉镞；《水浒传》里有小李广花荣，百发百中。当今，射箭列入体育项目，神射手比比皆是。

弓是象形字，[古文字]或[古文字]就像一张可拉开的弓。《说文》有“挥作弓”，挥是黄帝的臣子。矢，甲骨文[古文字]就像一支箭，《说文》的解释很复杂，反而不可信。《说文》以为“夷牟初作矢”。弓矢一器，作于两人，令人生疑。弓矢相加[古文字]，再加一手[古文字]，

射 甲骨文 金文 篆文

或就是“射”字，右边的寸就是那只手。

有关“弓”的成语值得一说。杯弓蛇影，讲的是墙上一张弓的影子映在酒杯里，像一条蛇，客人心有疑虑，勉强喝了酒，回去就病了，待弄明白是墙上的弓影，病也就好了。比喻疑神疑鬼，自我惊扰。还有惊弓之鸟，指被弓箭吓怕了的鸟。这是《战国策》记载的故事，有个射手在魏王面前只用空弓虚射一下，孤雁就掉下来了。魏王吃惊，射手解释道：离群的孤雁受过箭伤，猛听弓弦响，必然使劲上飞，导致伤口裂开，于是坠落。比喻受过惊吓的人遇到类似情况就惶恐不安。

古人使用弓箭，今人发明火箭，原理上有共同之处，推动力都来自尾部。尾部的推动力越大，射程越远。不妨说，火箭的发明受了弓箭的启迪。

桂林山水甲天下

小时候，地理老师讲，“桂林山水甲天下”，对桂林就有了好印象。待到去了桂林，又知道“阳朔风景甲桂林”。桂林至阳朔间漓江两岸山水风光驰名海内外，是全国十大风景名胜之一。电影《刘三姐》就以漓江的风光为背景，水色山光，画意妍然。1984 年 7 月我到苏州游园林，留园的对联写道“园林甲吴下”。甲天下，居天下第一；甲吴下，居吴下第一。我们就说说“甲”字。

甲骨文的甲，字形为十，像个十字架。本义是铠甲之甲，将士身上穿的皮制衣甲，由皮革一片片连缀，防御兵器杀伤。用金属薄片连缀的叫铠。十（甲）就像甲片之间的“十”字缝。甲造于夏代，《史记·夏本纪》司马贞索隐云：“季伃，作甲者也。”甲分犀甲、兕甲、合甲。《周礼·考工记》载：“犀甲七

甲

属，兕甲六属，合甲五属。”犀牛皮做甲，用七块连缀；野水牛（兕）皮做甲，用六块连缀；两层皮（犀或兕）做甲，只用五块连缀。《诗经·无衣》有“修我甲兵，与子偕行”，《左传》有“擐甲执兵”，《楚辞》有“操吴戈兮披犀甲”，成语“解甲归田”，都使用“甲”的本义。

甲的作用是护身，是护身衣。由此引申为起保护作用的硬壳也叫甲，如甲虫、甲鱼、龟甲、指甲；再引申，就有甲板、装甲车之类。

甲骨文的七写作十，数字 9+1 的得数写作丨，后来也写作十，太容易混淆了。七就将一竖转折，十（甲）就在上面加个人字成亇，小篆作甲，楷书作甲。

甲骨文有“田”，框内一甲（十），即从甲在口中。经王国维先生考证，乃殷先公上甲微的专称。这个上甲，列在殷先公报乙、报丙、报丁的前面，享有很高的地位，其神龛为正面之像，用口不用匚（报）。上甲的专称田，后来逐渐取代十（甲）成了天干之首的常用字，就是甲乙丙丁之甲。甲为首，就是第一位。称头号大族为“甲族”，称最显贵的住宅为“甲第”，列最前面为“甲等”。甲天下，是从这个天干第一位的甲引申过来的。天干中，甲乙代表东方和木，甲在乙前，所以许慎《说文》云：“甲，东方之孟，阳气萌动。从木，戴孚甲之象。”这已经不是本义了。

贵阳的名胜甲秀楼值得一说。友人告诉我，甲秀应是“狎秀”。明清时候，妓院多以楼名，狎秀楼名副其实。文人做官毕竟是少数，大多数闲散文人少不了三件事：饮酒、狎妓、骂皇帝。他们常常到狎秀楼聚合，还是饮酒、狎妓、骂皇帝。你看，楼名狎秀，桥名浮玉，亭名涵碧，实则楼中有小家碧玉也。甲、狎相通，借甲为狎，甲秀就可理解为秀色第一了。一字千金，化低俗为雅致。一斗乐章先生写了一篇《贵阳赋》刊登在《光明日报》上，内有“文昌阁兴黔中儒雅，甲秀楼藏科考大名”两句，如果正一正，当是：文昌阁肇兴黔中儒雅，甲秀楼深藏小家碧玉。这样，涵碧亭、浮玉桥也就包罗其中了。

众志成城

2008 年 5 月 12 日 14 时 28 分，四川汶川发生 8 级大地震，波及十万余平方公里。全国各族人民在党中央领导下，同心协力，谱写了一部又一部催人泪下的壮丽诗篇。“抗震救灾，众志成城”，是中央电视台各个频道的新闻大标题，这也是全世界华夏儿女的共同心声。我们就说说“城”字。

《诗经·皇矣》有“以伐崇墉”，《毛诗诂训传》云：“墉，城也。”说的是周文王举兵攻打崇侯虎的城堡。《诗经·崧高》有“以作尔庸”，《毛诗诂训传》云：“庸，城也。”庸、墉可通。《说文》云：“墉，城垣也。”又，“垣，墙也。”墙、垣同义。墙，“自其高言之”；垣，“自其大言之”。《说文》云：“城，以盛民也。”段玉裁注：“言盛者，如黍稷之在器中也。”盛民，就是容纳民众于其中。城、墉同义，城言其内之“盛民”，墉言其外之

城　甲骨文　金文　篆文

“墙垣”。汉语的同义词，都有细微差别。不难明白，“城”的本义就是墙、城墙。举世闻名的万里长城，就是又高又大的万里墙垣。重要的城邑，城墙一般有两重：里面的叫城，外面的叫郭。

古代城邑、村落大都依山而建，山自为墙，起到自然的护卫作用。依水而建，必须构筑城墙，墙外还得有护城河，才有安全保障。当今一些少数民族村落，不论是否依山依水，大体还保持这种古朴的构建形式。

《左传·僖公四年》记载齐桓公伐楚，很多课本都选上这一段典故。春秋霸主齐桓公无端借故攻打楚国，显示他的武力。楚国大夫屈完当面对齐桓公说，君若以道义安抚诸侯，谁敢不听从您的指令？君若使用武力，那么“楚国方城以为城，汉水以为池”，虽然你的兵力众多，也使用不上。就是说，我们楚国决心抵抗，方城山拿它当城墙，汉水拿它当护城河，绝不示弱。这句话的语法结构，应该是“方城，以（之）为城（墙）；汉水，以（之）为池（护城河）”，是描写式的主谓句。很多注释本认为它是宾语提前，“以方城为城，以汉水为池”，这是无法苟同的。汉语的基本句式是主＋谓＋宾，宾语提前是变例，得有限制条件，不可随意。

兵临城下胁迫签订的盟约为城下之盟，无端受连累叫城门失火，仗势欺人者如城狐社鼠，城北徐公是美男子的代称，难于揣测其心叫城府深，城门两边的楼观是城阙。

杜甫诗《春望》“国破山河在，城春草木深。感时花溅泪，恨别鸟惊心”，写尽了安史之乱后自己的忧伤，字字有泪。刘禹锡《杨柳枝》“城东桃李须臾尽，争似垂杨无限时”，讽刺势利小人是过眼桃花，无法与袅袅的垂杨相比。辛弃疾词“城中桃李愁风雨，春在溪头野荠花”，表达对农村春日的喜爱。

《孟子·公孙丑下》中，孟子有一段“天时不如地利，地利不如人和”的议论，也算脍炙人口。他说：“三里之城，七里之郭，环而攻之而不胜。夫环而攻之，必有得天时者矣。然而不胜者，是天时不如地利也。城非不高也，池非不深也，兵革非不坚利也，米粟非不多也，委而去之，是地利不如人和也。”攻打不下高城深池，那是“失道者寡助”。强调治国者要得民心，“得道者多助”，“人和”至关重要。

这次抗震救灾，的确万众一心，众志成城，像坚固的城堡一样坚不可摧，大大增强了中华民族的凝聚力，显示了前所未有的“人和”，这是任何一个中国人都应该感到自豪的。

玉不琢，不成器

“玉不琢，不成器”是《三字经》中的一句。宋代以来,《三字经》作为私塾课本广为流传，成了传统语文教育的启蒙读物，到了无人不知的地步。清人评价它“言简义长，词明理晰，淹贯三才，出入经史”,《三字经》能家喻户晓，绝非偶然。这句话出自《礼记·学记》,“玉不琢，不成器。人不学，不知道”，为了押韵，改为“玉不琢，不成器。人不学，不知义”，意思未变，强调人若不勤奋学习则不能知礼义道德，终不能成才。“玉不琢”不过是拿来做个比喻。

玉本是一种密致温润而有光泽的美石，出自山川，新疆和田玉就享有盛名。玉在远古时代就倍受重视，它是美的象征，引申之也是美德的象征。商王武丁的妻子妇好，墓中的陪葬品、玉器最多，达到七百五十五件，件件精美。《逸周书·世俘》载，

玉　甲骨文　金文　篆文

商纣王在商都郊外打了败仗，甲子当天晚上，他取最精美的天智玉五枚佩在身上而纵火自焚。有人告诉武王，纣王曾焚玉四千。五天后，武王命千夫长带人寻找。四千庶玉已于火中销毁，天智玉未毁。那五枚天智玉，武王视之如宝。武王总共得到商王宝玉一万四千枚，佩戴玉十八万枚。——玉器在殷商文化中的地位也就可想而知了。

“玉”的甲骨文字形为丰、金文字形为王，两个字形中并没有那一点，三横或四横表示几块玉，一竖表示穿玉的绳子。《说文》云：“象三玉之连，丨，其贯也。”小篆的“王”（王）与“玉”（王）很相近，都是三横一竖。玉的三横距离均等，王的三横下空大。隶变后，加一点为“玉”区别就明显了。这一点本来是加在上面为“玊”，读 sù，《新编千家姓》（群众出版社，1981年版）就收有这个姓氏。

贵族佩戴玉器是身份高贵的象征，引申就有驱邪避祸的作用。《红楼梦》中贾宝玉的通灵宝玉就二者兼而有之，既显示他的身份，又伴他消灾化疾。

玉是美石，是美的象征，也是美德的象征。《管子》一书归纳玉有“九德”，《荀子》说“夫玉者，君子比德焉”，指出玉有仁、智、义、行、勇、情、辞七种美德。“君子比德如玉”，儒家经典《礼记·聘义》也有阐释，除了仁、智、义，还包括了礼、乐、忠、信之类。许慎《说文》受“五行”学说影响，概括玉有仁、义、勇、智、洁五种美德。后来又化为仁、义、礼、智、信五德，成了儒家道德标准。

玉的种类多，各式各样，古人分为五类，称“五瑞”：圭、璧、琮、璜、璋，即五种玉石。诸侯朝见天子，可佩戴与自己地位相当的玉石器物。蔺相如完璧归赵的“璧”，是平圆形的玉石，宽边有孔，是天子、诸侯朝会时使用的一种礼器。

“玉”字还引申有精美、贵重之义，如玉食、玉女、玉饰、玉带、玉宇、玉液、玉楼之类，玉成、玉照、玉音则是雅称。

美女的脸庞洁白如玉，玉貌、玉容、玉颜组合成词。白居易《长恨歌》写杨贵妃受冷落、泪水纵横的诗句是“玉容寂寞泪阑干，梨花一枝春带雨”，称得上千古绝唱。后代诗人多有模仿化用，始终无法超越。王昌龄《长信秋词》为班婕妤鸣不平，有“玉颜不及寒鸦色，犹带昭阳日影来”的名句，为后人称颂。宋代欧阳修感叹国事，有“玉颜自古为身累，肉食何人与国谋”的诗作。

玉石的美不是天生的，需要玉匠的“琢”；宝石的贵重也不是天生的，需要石匠的“磨”。《诗经》上说，“如琢如磨”，经过琢磨才能洁白无瑕，才可宝贵。人的道德学问也不是天生的，需要学习修炼才可成为有用之才。《三字经》还说：“蚕吐丝，蜂酿蜜。人不学，不如物。”堂堂男子倘不好学而荒其业，昆虫都不如。

他山之『石』

《诗经·鹤鸣》有这样两句，“他山之石，可以为错”“他山之石，可以攻玉”，缩为“他山攻错”，比喻虚心向别人学习、借鉴，是成语了。他山之石，并非“其他山上的石头”。本是“它山”，它与蛇通，是个比喻，指山的蜿蜒曲折。我们借用这句话，来说山之“石”。

科学家研究发现，地球上石头的主要成分是碳酸钙，碳酸钙在地球上是储量最大、应用最广的钙源。石头充斥在人们生活的方方面面，与人的关系自然密不可分。金、木、水、火、土五行，石含于土，所以“土石”连用。贵州的山石多，土层薄，石漠化严重，石头沙化，最终化为土。

《说文》：“石，山石也。在厂（hàn）之下，口，象形。”厂，像突兀的山崖。是说，石头出在山上，就是“它山之石”。

石，指岩石，地表最坚硬的东西，有金刚石、大理石、花岗石、鹅卵石、雨花石、石灰石等，可以“为错”“攻玉”的当是金刚石。

中国传统艺术有“金、石、书、画”。石，是石刻艺术的简称。宋代著名女词人李清照的丈夫赵明诚，就是一位对金石艺术很有研究的学者。现存最早的石刻是秦以前的《石鼓文》。唐朝初年，在今陕西宝鸡市三畤原发现十块鼓形的石头，十个石鼓各刻着十首为一组的四言诗，格调如同《诗经》；字句连接自如，文字古朴劲健；原有七百多字，经历两千多年，现存272字。这就是石鼓文，是刻石篆书，当是《说文解字》所载的籀文。相传是周宣王时所刻，当今学者郭沫若、马衡、唐兰都做过研究，现存北京故宫博物院。秦以来，刻石之风盛行，《泰山刻石》《琅琊刻石》《峄山刻石》都是秦代的。汉武帝独尊儒术，汉代将儒家经典刻成石碑，规范天下学人，有《熹平石经》；曹魏正始有《三体石经》，用古文、篆、隶刻石；唐文宗有《开成石经》，用的楷书，西安碑林存有《开成石经》；还有五代的《蜀石经》、北宋石经、南宋石经、清石经。佛学传入中原，后来就有石刻佛经，现存规模最大的在北京市房山区的云居寺。

“寿石”是石头的雅号。园林中的山水盆景，多有石头的造型，这些石头就叫“寿石”。国画中的石头，经过画家加工，好像沾了仙气，也得叫“寿石”。文房四宝指纸、笔、墨、砚，“石友”是砚台的别称，与读书人时时相伴为友。

中国地域辽阔，不少地方产奇石异石，江苏太湖有“太湖

石”，广东英德有“英石”，福建产“建石”。贵州的锦屏、罗甸也出异石。贵州大学校园内有三大奇石，一块在书院右侧，上刻“贵山书院”，是锦屏县政府所赠；一块在逸夫楼前，是罗甸奇石；一块在校门内林荫下，上刻“百年学府，树人百年”，是校庆 105 年某公司赠送的，堪称精美。

温润而有光泽的美石叫“玉”。玉石玉器自古以来就被视为瑰宝，是贵族的玩物。

有奇石异石，自有爱石藏石的玩家。清代书画家、“扬州八怪”之一的郑板桥喜石画石。他画《兰竹石图》，题诗道：“一竹一兰一石，有节有香有骨。”赞美石头坚硬而有骨气，自况吧！

与故事传说有关的石头就不少：女娲炼五色石以补苍天；精卫“衔西山之木石，以堙于东海”；苏州城外虎丘山上有“千人石”，是晋代高僧“生公说法”之地，典故“顽石点头”源于此；《石头记》引出贾宝玉与林黛玉一段爱情悲剧；“望夫石”满含妻子的忠贞与坚忍；司马迁记录李广“射石沉镞”。王维“清泉石上流”，谢灵运“白云抱幽石”，杜牧“远上寒山石径斜”，苏轼“水清石出鱼可数”，都是千古绝唱。

汉代以禄石多寡作为官位高低的标志。中央九卿是两千石，刺史太守之类是两千石，县令是千石到六百石。这个“石”上古音读担（dàn），唐宋中古音读石（shí），《广韵》“常只切”，在禅母。书面语是老师根据反切来的，读书人读《史记》《汉书》得读成“两千 shí”，反而不能读 dàn（担）。“担”是后起字，口语才读 dàn（担），一石是 150 斤。官员的俸禄以粮食计算，不用货币。文化人得把书面语与口语搞清楚。

大笔如椽

20 世纪五六十年代，中国的文学青年没有不崇拜大文豪郭沫若的。1941 年 11 月郭氏五十岁时拍摄过一张照片，他前面站着一个孩子，左手环拥一支如椽大笔，粗壮的笔杆直立挺拔，有两米五左右。大笔、郭氏、小孩，分明的高中低三个层次，给人强烈的美感。照片下面注明大笔是生日礼物。郭沫若是当代天才般的文化人，有多方面的成就，是几百年才会出现的一颗文曲大星。如椽大笔作为生日礼物胜过任何祝词贺词。五十多年了，那支如椽大笔始终在我脑海里挥之不去。

椽，又叫椽子，是放在檩子上架着屋顶的木条。大笔如椽，用于赞美别人的文笔雄健有力或者文章气势宏大，语出《晋书・王珣传》，算是一个成语了。真有这么大一支笔，怎么写？只能在屋梁上去写。作为谜语，打一《水浒传》中人名，答案

就是：梁中书。

说到“笔”，是文化人钟爱之物，不可或缺。文房四宝，笔是书写工具，最为重要。甲骨文有“聿”字，右边是又，即为“(右)手”，左边就是古人使用的笔，像一根有杈的树枝，合起来就是右手执笔写字。“聿”的本义就是写字的笔。上古的笔就这么简单。《说文》云：“楚谓之聿，吴谓之不律，燕谓之弗，秦谓之笔。”小篆出现笔字，从聿从竹，说明笔管多用竹，已经大大进步了。竹管的笔始于秦，这就有“蒙恬制笔”一说，晋人张华《博物志》有载。唐代古文家韩愈有《毛颖传》，用拟人化手法为毛笔立传，毛笔的产生经过、制作方法、社会功用和使用特点都形象化地加以展现。文章属寓言形式，隐隐体现了文人士子的仕途遭际，也寄托了对自身坎坷命运的感叹。其实，仰韶出土的彩陶罐上画的纹饰，就是用笔画的。到了蒙恬，用兔毛制笔，配以竹管，就十分精良了。

笔之所贵者在毫。兔毛并非好材料，容易废笔。古有“笔成冢，墨成池”的故事。和尚智永有秃笔十瓮；善写狂草的怀素，一生写字，废笔堆积如山，埋入地下，号为“笔冢”。

毛笔从性能来分，有硬毫、软毫和兼毫三种。硬毫、软毫用一种兽毛制作，兼毫用两种兽毛。硬毫笔，刚性、弹性强；软毫笔，柔性、弹性差；兼毫在二者之间。硬毫，常见的是狼毫，用黄鼠狼毛制作，秋狼毛过于刚性，刚则无筋，以夏季狼毛为好；软毫，常见的是羊毫，山羊毛制作，多用青羊毛，以秋季山羊毛最好。兼毫笔，用山兔毛与山羊毛合制，又称紫羊毫笔。依据两种毛的比例，有七紫三羊毫、五紫五羊毫，比例决定笔性的软硬。著名的湖州（吴兴）笔，以青羊毛为之，元代就名于世。

一支好毛笔，要具备“尖、圆、齐、健”四个优点。尖，笔锋尖锐；圆，笔头圆润；齐，毫毛整齐；健，笔毛有弹性。

《训蒙幼学诗》有“题笔”一首云：“任人舒复卷，笔落似蚕声。写尽相思字，因风寄有情。”着重于笔的功用。宋代苏东坡的妹子以文择婿，在一大家子弟卷上批道：笔底才华少，腹中韬略无。苏东坡为免求亲者难堪，各加一字，改成：笔底才华少有，腹中韬略无穷。这是对联趣话，明显是教人做对子的。北京大学著名哲学教授冯友兰有“题蒲松龄故居”的对联，写道：鬼怪精灵，书中人物；嬉笑怒骂，笔底文章。“笔底文章”，就是化用苏东坡的文字。杜甫有赞扬李白的诗，“笔落惊风雨，诗成泣鬼神”，堪称千古绝唱。这些美妙文字，最终还是落在一个“笔”字上。

快乐之『乐』

给朋友一个美好的祝愿时，总少不了说“祝您快乐”。我们不妨就认识这个“乐”字吧！

读过《孟子·梁惠王》的，应该会记得这样两句：“独乐乐，与人乐乐，孰乐？”“与少乐乐，与众乐乐，孰乐？”简短两句，连用十个“乐”字，其读音与意义自然是不同的。独乐乐，单独欣赏音乐而快乐。第一个“乐”，音乐之“乐”，做动词用，是欣赏音乐；后一个“乐”是快乐之“乐”。读懂了“独乐乐”，后面就很好理解了。可见，“乐”字常用意义，一是快乐，二是音乐。乐，还有一个不常用的意义，见于《论语·雍也》。孔子说：“知（智）者乐水，仁者乐山。知者动，仁者静。知者乐，仁者寿。”乐山乐水，读 yào 山 yào 水，其中乐是爱好之义。现代人不那么讲究，甚至名人大家在电视上也有读成“lè

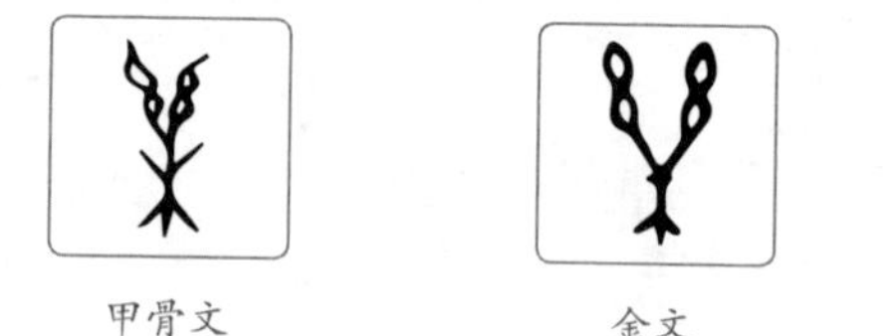

山 lè 水”的。这当然与当今整体语文水平大幅度下降有关，非一朝一夕之故也。《辞海》还收有“暴乐”一词，注音是 bóluò，那是联绵词“剥落”的不同写法，不在此列。

三个读音，三个意义，大体是好分别的。音乐、乐曲，是名词；快乐、乐意，是形容词；乐山乐水，是动词。汉字没有形态变化，以读音区别词性是汉字的特点。前面说到的“独乐乐”，音乐之“乐”，理解为欣赏音乐，是名词活用为动词，与“乐山乐水”的动词不是一回事。

乐的甲骨文字形为𬎾，从结构看，像草木之上结有串串果实，如同桃李核、草籽之类，可以入药，治疗疾病，本义当是草药之“藥”，初文是“樂”。《说文·艸部》：“藥，治病艸。”本义的“樂”另有所指，加形符（艹）造“藥”字显示本义。樂可治病，所以樂＋疒为㾏，异体字是“療”，简化作“疗”。古语有“樂饥”一词，樂通療，读療饥，即消除饥饿，不是乐于挨饿。更可证明“樂”本是治疗疾病的“藥”。

《说文·木部》收“樂”字，云：“樂，五声八音总名。象鼓鼙。木，虡（jù）也。”五声，指宫、商、角、徵、羽五个音阶；八音，指丝、竹、金、石、匏、土、革、木八种材料制作的乐器发出的八种不同的声音。许慎解释“樂”为大鼓小鼓放在木架子上，与甲骨文字形相去甚远。显然这是音乐的“樂”。孔子办学校，学生得学六门功课，所谓“六艺”，其中就有音乐课。儒家文化十分重视礼与乐，礼乐可以安定社会，达到天下大治。儒家经典有《礼记》，收有一篇《乐记》，主要阐述音乐的本原、音乐的美感、音乐的作用、乐与礼的关系，强调音乐的教化作用与传统的礼乐制度。

快乐与音乐，同一个“乐”字。正如《乐记》所说“乐者乐也”。音乐，能使人快乐。君子小人各有所取，“君子乐得其道，小人乐得其欲”。其实，治病的“樂（藥）”也有同样的功效。三者同“樂”，自在情理之中。就读音来说，本当同一语源。上古时期，韵母皆读入声，觉（音乐）铎（快乐、药）邻韵相通；声母各有不同。韵同声转，当是地域方言所致。在今天的四川话里，音乐与中藥，乐、药还是同音的。

百家姓氏中的乐，有 yuè（音乐）音，也有 lè（快乐）音，复姓有“乐正”。战国有乐羊，魏文侯的将军，其后人乐毅，是燕国的大将。《后汉书·烈女传》有《乐羊子妻》，被选在中学的课本里广为流传。汉人姓氏读 yuè，胡人姓氏读 lè。如同“覃”姓，汉族读 tán，壮族读 qín。

香如故

网上一位朋友以“香如故”为名在我的博客上留言，给我印象很深，她留下的香气似乎也让我闻到了。如同看到“肉”字，让你眼馋，而后口馋，这就是具有形象性的汉字的无穷魅力。宋代诗人陆游有词《卜算子·咏梅》，末句是“零落成泥碾作尘，只有香如故”。很明显，这是咏怀之作，即使凋零成泥成尘，我依旧保持清香。“香如故”借陆游的诗句表达自己的高洁。可见她已经历世事，也自视甚高，非寻常之人。借此说说“香”字。

《说文》有：“香，芳也。从黍从甘。”小篆本是黍、甘二字会意。中华先民最早种植的是“稷”，所谓“百谷之长”，脱壳就是小米，黍类。黍类（包括黄米、小米）是先民的主食，甘甜可口，吃下去感觉芳香。《说文》还引“《春秋传》曰黍稷馨

香　　甲骨文　　金文　　篆文

香”，算是香的本义。“黍稷”是同义词，“黍”是大类，“稷”是黍类之一；“馨香”是同义词，古人释“馨，香之远闻也”，就是说，远香为馨，香指近香，实实在在闻到的香。这就看出，汉语中词语组合是一种很重要的组词方式：前面一字虚义，概括笼统；后面一字实义，具体实在。“虚+实”的组合，表面上是同义词，两者的细微差别却很明显。类似的双音词还有：恭敬（内为恭，外为敬），斧斤（斫物为斧，斫木为斤），忠善（忠其心，善其事），德行（德指修养，行指行为），鼎鼐（鼎是通称，大鼎为鼐）……这些细微差别注意到了，才算真正意义上的识字。

香气在五行中属土，因为“香”来自“黍稷”，土地出产五谷，“五臭”（香、腥、膻、焦、朽）各有归属。香“从甘”，五味的甘、辛、酸、苦、咸，“甘”自然也该属土。

香不仅来自“黍稷”，还有花香、酒香、稻香、饭香、豆香等，心中感觉好称心香、暗香，细分有藕花香、桂枝香、菜根香，清香、幽香、异香体会不一，形容女性之美叫“国色天香”。

孟浩然有诗“荷风送香气，竹露滴清响”，描绘了一个无限清幽的绝妙境地。他写的自然是“荷香”，本是风送荷花香，稍加变化就成了“荷风送香气”。

说到诗的变化，杜甫当然是绝妙高手。他的《秋兴八首》之八，有这样两句：“香稻啄余鹦鹉粒，碧梧栖老凤凰枝。”初读的人会不着边际，理解困难。它的意思是：地上的稻粒是鹦鹉啄剩的余粒，碧绿的梧桐树上有凤凰习惯栖息的树枝。实际是“鹦鹉啄余香稻粒，凤凰栖老碧梧枝”，杜甫把诗句做了“倒卷帘”式的处理，显得很新颖。一般诗人难以如此，所以这两句历代都受到称颂。

元代高明《琵琶记·旌表》有这样的句子，“不是一番寒彻骨，怎得梅花扑鼻香。”算是千古绝唱。它道出一个真理：经受艰苦磨炼，才会功成名就，苦尽甘来的意思。

古今文人写了不少歌颂梅花香气的文字，应该看作文人自己精神的寄托。在冰封千里的大地上，只有傲雪的梅花盛开，梅花超脱世俗的气质，受到有骨气文人的深深爱戴。梅花清香，也散发一股幽香，清与幽象征着不慕名利的淡泊品质，这也是远离朝廷的士子的追求。北宋诗人林逋种梅放鹤于西湖孤山，终身不仕，也不婚娶，“梅妻鹤子”，写下了“疏影横斜水清浅，暗香浮动月黄昏”的名句。“数点梅花天地心”，梅香就最受青睐。

让我们再温习一遍陆游的《卜算子·咏梅》吧：“驿外断桥边，寂寞开无主。已是黄昏独自愁，更着风和雨。无意苦争春，一任群芳妒。零落成泥碾作尘，只有香如故。”

门可罗雀

交际来往的人很多，大门口和庭院里热闹得像市场，用个成语形容叫“门庭若市”。相反，宾客稀少，十分冷落，大门前面可以张网捕雀，成语叫“门可罗雀”。我们就说说“罗雀”。

先民造字，“画成其物”，飞鸟就象鸟形，造“隹（zhuī）”字。《说文》：“隹，鸟之短尾总名也。”《说文》将汉字分为540部，立“隹部”，有关“隹”的字都收入其中，有四十多个，常用的字有只（隻）、雉、雅、雁、雕、雄、雌、隽等，夺（奪）、奋（奮）、旧（舊）也是从隹的。不在隹部的集、焦、稚，是与隹相关的字。我们说的“罗雀”二字当然也是从隹的。

《说文》云：“雀，依人小鸟也。从小隹，读与爵同。”吃粮食的小鸟，常见的就是麻雀，它依人而处，啄食粮食，在全民“除四害”运动中曾被列为四害之一，遭到疯狂的捕杀。这

雀 甲骨文 金文 篆文

当然是一桩冤案，麻雀不仅吃粮食，还吃害虫，应该是功大于过。想当初，无处不有的小雀也曾是先民的口食，所以才“罗雀”。雀与爵读音相近，音义相关，古人的酒杯叫“爵”，形状就像雀，下有三条腿，起一个稳定作用。古书也借爵为雀，《孟子》有“为丛驱爵”，这里的爵就是雀。古人勤观天象，一年四季星象不同，有“四相”之说，东青龙、南朱雀、西白虎、北玄武。南朱雀，夏季的星象，像一只大鸟。朱雀就成了南方的代称，就有朱雀门、朱雀桥。刘禹锡有“朱雀桥边野草花，乌衣巷口夕阳斜”的名句。

在上古，隹与鸟是一个字，甲骨文清清楚楚，方言读音不同分化为两个字，其意义也就有了分工，《说文》云：“鸟，长尾禽总名也。”其实，长尾、短尾是很难分清的。所以有的汉字既从隹又从鸟，如鸡（鷄，小篆从隹）、鸿（鴻，小篆〔䧺〕从隹工声，上古无左边的三点水）、鸥（小篆从隹）、雁（或从鸟）、鸧（鶬，或从隹）、鹆（或从隹）、雕（籀文从鸟）、雏（籀文从鸟）等。隹鸟是相对而言，鸿雁也是相对而言，《诗经》有“鸿雁于飞”，《毛诗故训传》：“大曰鸿，小曰雁。”大雁即鸿雁，飞行时排列整齐有序，所以有雁阵、雁行（háng）。大雁也是人类的盘中餐，成语就有雁过拔毛。《诗经·新台》讽刺卫宣公筑新台强占儿媳的事，诗有“鱼网之设，鸿则离之”，闻一多先生考证，鸿是癞蛤蟆，意思是：捕鱼设渔网，网了个癞蛤蟆。

隹或鸟，下面一只手，是“隻”字，本义是一只手逮住了一只鸟；引申为逮住了一只，做量词使用。成语有“孤身只影”。孤、只对文。《说文》云：“隻，鸟一枚也。从又持隹。持一隹曰隻，二隹曰雙。”简化“隻”作“只”，“雙”作“双”。古代隻、只是两个字，词义并不相同。量词用“隻”，“只”表示仅仅、只有，宋代以前常常写作衹、秖。阅读古籍不可不知。

隹，金文的常用字，假借为虚词的维、唯、惟。“隹王元年”“隹十又三月既望”之类，读 wéi，与鸟雀全无关系。隹是维的半边，与“佳”不同，佳半边是“圭”。初学时易混。

姓羅（罗）的说，“我是四维羅”。四维是就楷书说的。罗，古字上部是网，下部是隹，意义很明白。《说文》云：“罗，覆鸟令不飞走也。从网、隹。读若到。”本义就是用网罩鸟。后来小篆加“糸”，隶变网又变为四，就是楷书的“羅”。《说文》“罗”字在网部，“以丝罟鸟也”。“罗（羅）”字通行，上网下隹的 dào 就不用了。罗雀就是捕鸟。汉字的古义，区别细微。清代说文四大家之一的桂馥说：“捕鱼为罩，覆鸟为罗，皆同意。”现代人才可以说捕鸟、罩鸟、罗雀。

网是伏羲氏发明的，《周易·系辞下》载，包牺氏“作结绳而为网罟，以佃以渔”。网罟就是用来捕鱼罗雀的。罗是“以丝罟鸟”，动词；作为罩鸟的工具，是名词。《诗经·兔爰》：“有兔爰爰，雉离于罗。”兔子跑掉了，野鸡被罩在网里。这里的罗明显是做名词使用。这还说明，古代的罗，不仅捕鸟罗雀，还捕捉走兽，如兔子、野猪，甚至老虎之类；用在水里就捕鱼，真正的“以佃以渔”。

苏武牧『羊』

我上中学时，语文课本中有班固的《苏武传》，而苏武牧羊的故事则知道得更早，应该是孩提时候。那时的课本，多是传统文化的内容，真正能够学到知识，且又懂得了许多道理。苏武爱国，令人感动，而“羊”的形象也深深扎根于我幼小的心灵。

羊，羊头之形，两角外弯，是独体象形字。羊温顺可爱，在先民心目中地位很高。犬是人类宠物，狩猎守家无处不在，“挂羊头卖狗肉”的俗语可以证明，犬的地位在羊之下。善良、美好的字，都从羊：善指群羊鸣叫，羊大则美，仁义之义（義）从羊，人类群居的群从羊，养育之养从羊，美食的馐（珍馐）从羊，鲜美的鲜从羊，羡慕的羡从羊。羌族、姜姓都从羊，显然以羊为图腾。姓氏有羊，复姓有羊舌、羊角、公羊。先民肉食的主体是羊，《说文》云：“羊在六畜主给膳。”狩猎畜牧时代，

捕获的动物，尤其是幼崽得养起来，以备食用。羊的温顺、羊的快速繁殖，使得畜养群羊受到重视。《诗经·无羊》载，“谁谓尔无羊，三百维群”，赞美畜牧兴旺繁盛。“三百维群”，三百只一群，规模不小啦。

羊是温顺之物，是甘美之物，也是吉祥之物。吉祥，最早作“吉羊”，有羊为吉，“祥”是后起字。祭祀用羊，求个吉祥。《说文》云：“祥，福也。”获羊就是福。“禄，福也。”获鹿也是福。古人重祭祀，天子诸侯的大型祭祀，三牲完备，牛、羊、豕齐全，叫“太牢”，可写作“大牢”，无牛叫“少牢”。牛特重要，只用牛也可叫太牢。最早，天子太牢，诸侯少牢。不把天子放到眼里，诸侯也用太牢。钟鼓鼎器告成，要举行祭礼，得杀牲以血涂抹钟鼓鼎器，取其吉祥。《孟子·梁惠王上》记载一个故事，齐宣王坐于堂上，有牵牛而过堂下者，王问牵牛到哪里？回答说，牵去杀了以血涂钟。王说：“舍之！吾不忍其觳觫，若无罪而就死地。”他不忍心看到牛的恐惧，并不是要废掉祭礼。怎么办？齐宣王说“以羊易之”。孟子就此事发表评论，说齐宣王有仁爱之心，可行仁术之道，不过见牛未见羊也，牛与羊又有什么区别呢？又说：“君子之于禽兽也，见其生，不忍见其死；闻其声，不忍食其肉。是以君子远庖厨也。”

《论语·八佾》载：“子贡欲去告朔之饩（xì）羊。子曰：‘赐也！尔爱其羊，我爱其礼。’”古代历术是王权的象征，掌握在天子手里。每年秋冬之交，天子将次年的朔闰颁给诸侯，诸侯得藏于祖庙，每逢初一朔日，杀一只活羊祭于庙，然后听政。这个祭庙受朔叫“告朔”，听政叫“视朔”。到了春秋后期，四分历朔闰可以推算出来了，天子颁朔只是一种形式，所以“鲁文公四不视朔”，多次不参加祭庙告朔。子贡认为，告朔没有必要，羊也不用杀了。实质是，在此之前，朔闰还得靠天文学家观测星象来确定，也就是“观象授时”。孔子时代，历法已经进入室内演算的阶段，朔闰已无神秘可言。

羊，象形，突出羊角。羊字从丫（guāi），乖字从丫（guāi），两只弯角，相乖违也。《史记·项羽本纪》载：“猛如虎，很如羊，贪如狼。”有人改“很如羊”为“狠如羊”肯定是不对的。很，《说文》解释为“不听从也”，不听从就是倔强。很如羊，倔强如羊。羊角弯弯，有旋转之形。旋风旋转，扶摇而上，旋风叫“羊角”。《庄子·逍遥游》有“抟扶摇羊角而上者九万里，绝云气，负青天，然后图南”；《本草纲目》载，羊角枣长三寸，出谷城。羊角又是枣的别名。梁简文帝诗：“风摇羊角树，日映鸡心枝。”

《春秋繁露》载：“羔饮其母必跪，类知礼者。”小羊吃奶是跪着的，跪报养育之恩。犹太人向神求福，大祭司一只手按在羊的头上，表示全体犹太人的罪过都由这只羊承担。这就是所谓“替罪羊”。引入中土，替罪羊就是代人受过背罪。自己的罪过由善良温顺的羊来承担，未免自私自利了。孔子似乎有过批评：“己所不欲，勿施于人。”

羊，一身是宝。肉可食；角供药用，即羚羊角；皮可制革，尤其藏羚羊皮革，价格昂贵，引发盗猎者大肆偷猎；毛可制笔，羊毛做的笔叫羊毫。羊的种类多，绵羊、山羊、黄羊、羚羊、岩羊、盘羊。

当代科技进步，克隆技术迅速发展。1996 年一只没有父亲的小羊“多莉”诞生了，这在世界上引起了轩然大波。我们当然希望克隆技术造福人类。

牛年说『牛』

十二生肖纪年，2009年农历是牛年。生于牛年的人，自命“属牛”，人数在一亿以上。乡友张劲研究员的文章说：“牛是很文化的。”这让我大有感触，进入新春，正好拿它做个标题，认识一下这个“很文化的”——牛。

牛的甲骨文字形为¥，双角内弯，象牛头之形。羊是双角外弯，象羊头之形。都是以局部代全体。牛羊都出现在畜牧狩猎时代，获取的牛羊吃不了的或者其幼崽，得畜养起来，备他日之需。古史记载，伏羲氏“教民佃渔畜牧”“以龙纪官”。伏羲氏是列传说的“三皇五帝”之首，他当是中华民族第一位人文始祖。

牛的脾气憨和，又力大无穷，自古就作为人的役力，造福于人。进入农耕社会，牛是农耕文化的主角，犁田拉车，它是耕夫的主要帮手，人们自然要对牛加以称颂与保护，自秦代以

牛　　甲骨文　　金文　　篆文

来都禁止宰杀耕牛。上古的贵族统治者注重祭祀，牛羊都是牺牲品，牛是三牲的主体。

《说文》云：“牛，大牲也。牛，件也。件，事理也。象角头三、封、尾之形。”大牲，最大的祭祀物，反映出上古的祭祀文化。牛为大物，力大食量大，可几家共养共用一牛，从人从牛为“件”，“件，分也”，每家有一份（分），或说一股。事，动词，做事情，即犁田拉车。理指名分。份内之牛（件），拉车犁田就是它的责任（名分）。头角三，指两只角一个头共三个部件；“封”指头上突起的肉，原为两耳之形，后变为一横画；下垂的是“尾”。整体是个牛头形，何来有尾？“尾”，是许慎的误释。这就是《说文》对“牛”字的全部解说。

牛，的确值得歌颂。北宋名臣李纲有《病牛》诗：“耕犁千亩实千箱，力尽筋疲谁复伤？但得众生皆得饱，不辞羸病卧残阳。”李纲以牛自况，一生只知付出不求索取。牛，的确是牺牲奉献的化身，怪不得鲁迅“俯首甘为孺子牛”的名句人人传唱。

华夏先民养牛敬牛，蚩尤一族就以牛为图腾。崇拜牛的习俗在今天的湖南溆浦五溪一带少数民族里仍然保留着；贵州的苗族自认祖先是蚩尤，对牛也是崇拜有加。过节全家“打牙祭”，事前得把耕牛喂饱；过苗年跳铜鼓舞，放鼓的木架上要安上一对水牛角；苗家姑娘以戴牛角为美；对客人隆重接待，要敬献牛角酒；节日娱乐，必有斗牛，很多地方设有斗牛场。每年四月初八是壮族人的“牛王节”，要给牛放假，还要备足鲜嫩青草，让牛吃饱睡好。贵州农村的集市贸易，自古以来是“七天一大场、五天一小场”。逢丑日赶场，集市就叫“牛场”。走遍贵州，称作“牛场”的地名实在不少。

牛字组成的词很多，往往别有所指。《后汉书》载“奉牛酒以劳军营”，送上牛肉和酒犒劳军队。牛酒，后世成了礼物的别称。司马迁《报任安书》第一句就是“太史公牛马走司马迁再拜言”，“牛马走”是谦辞，像牛马般受驱使的仆人。

张劲先生文章好，编辑的“手记”也值得一读。她说，肉牛不过是一刀子买卖，衍生出来的“肥牛火锅”“牛肉干”“牛肉面”“牛排”让很多人乐不可支。奶牛贡献出来的“牛奶”能增强人的体质，是电视上最常见的广告。福利不好，牛也是会发脾气的,“口蹄疫”“疯牛病”已经给人类提出了警告。她还说，牛文化在我国源远流长，天上有牛郎织女，文献记载有“庖丁解牛”，十二生肖中有牛的位置，小说中有“牛魔王”，地府里有“牛头马面”，比喻别人厉害是“很牛”，讽刺别人夸大其词是“吹牛”，股市常用词有“牛市”。牛文化放之四海，说不定你在芝加哥大街上遇到“牛仔”，那就是“金牛座”的朋友，正要去看公牛队的比赛。

张劲说，人一方面不断地卖牛、买牛、杀牛、食牛，一方面又要不断地念牛、想牛、拜牛、祭牛，这奇特的二律背反关系深藏在人的道德法则的暗处，一切皆服从于人的需要，而愿意自比为牛的人却真个如九牛一毛了！她感叹：牛啊，起始于文化，又复归于文化的牛啊！

马是一本『书』

马年的吉祥语，自然莫过于“马到成功”了。六畜“马牛羊、鸡犬豕”，马列在首，可见马在人类生活中的重要地位。一个叫理查德（Richard）的老外花20年时间搜集汉字字源，一个“马”字的字形就有197个，可见马与我们华夏先祖的关系何等亲密。你要是真正认识了“马”，你会觉得：马，真是一本书啊！

马，是个象形字，《说文》以为“象马头，髦尾，四足之形”。小篆的写法还清清楚楚，为𩡧；隶变之后，髦尾四足，变成了四点，为馬。《说文》的解说，“马，怒也，武也”。马、怒，是就语音关系说的，古音韵部相同；马，武也，是就功用而言，马用于武事，指作战之用。管军事的最高指挥官叫“大司马”，就不难理解。

马，武也，也可以理解为威武、勇武、英武。《易传》云：“乾为马，坤为牛。”又，“乾，健也；坤，顺也。”马在八卦中，归属于乾。乾为天，天行健，马为家畜中之行健者，故乾为马。比较“坤为牛”，坤为地，地道柔顺，地能载物；牛性柔顺，亦能载物，故坤为牛。

我国的马，产于北方，内蒙古、新疆都是出产名马的地方。良马并无明显标志，还需要慧眼识别，这就有“相马”之术。文献载，春秋中期秦穆公之臣伯乐，据说就是孙阳，善于相马，认为相千里马必须“得其精而忘其粗，在其内而忘其外”。此后，把善于识别人才的智者也称为伯乐。

远在西周，也就是三千年前，周穆王驾车西游曾到达中亚一带，往返近两年。他的御者（驾车人）叫造父，善御马又善相马。穆天子西征之前，他到秦岭选择了八匹良马，统称“八骏”，个个有名。这就是《穆天子传》所记“天子之骏，赤骥、盗骊、白义、逾轮、山子、渠黄、骅骝、绿耳”。注释家郭璞说，“八骏，皆因其毛色以为名号耳”。后世善于画马的画家，总是以“八骏”为素材进行创作。清代《乾隆八骏》个个栩栩如生；当代徐悲鸿的《八骏图》更是誉满全球。

牛车是载物的，马车用于打仗，分工明确，所以有战马、战车的词语。古代兵车叫“乘”（shèng），包括一车四马，所谓“一言既出，驷马难追”。春秋时代，兵车一乘有甲士三人，步卒七十二人。所谓“千乘之国”“万乘之国”，指的是国家具备这样的武装力量。那时候，车马相连，《诗经》载，“子有车马”“修尔车马”“路车乘马”，又云“我车既攻，我马既同”，是说战车坚固，战马齐备。“有马十乘”，是说有十乘车的马，就是四十匹

马

甲骨文

金文

篆文

马。“乘肥马”，绝不是“骑肥马”，是说驾车用的是肥马。

曹操诗云：“老骥伏枥，志在千里。烈士暮年，壮心不已。”骥，就是千里马，表达自强不息、老当益壮的进取精神。

唐代刘禹锡的诗“马思边草拳毛动，雕眄青云睡眼开”，写出自己虽病老憔悴，仍壮心不已。

杜甫《兵车行》首句就是“车辚辚，马萧萧”，写出了战士出行的场面。“马萧萧”，是化用《诗经》中“萧萧马鸣”而来。

陆游有“楼船夜雪瓜洲渡，铁马秋风大散关”的佳句，追述当年的战斗情景；也有“厩马肥死弓断弦”表达报国无门的悲愤。

《琵琶记》写蔡邕离去时的恋恋不舍，用了“马行十步九回头”一句，写出了夫妻分别的难分难舍，算得上千古绝唱。

文学作品中写马的例子不胜枚举，成语马不停蹄、马齿徒增、马革裹尸、马首是瞻等更是广泛应用。涉及马的文字，多有积极进取之义，也有如“指鹿为马”比喻有意颠倒黑白、混淆是非。

项羽的乌骓马、吕布的赤兔马，名留青史；刘皇叔马跃檀溪，宋康王泥马渡江，载入史册。名马“的卢”，辛弃疾写在词里；风马牛、牛马走别有所指。当今马术比赛，各路名马大显身手。马舞、马步、马杂技让人大开眼界。

涉及“马”字的对联很多，以下一则以见一斑。著名教育家陶行知在师范学校题门联：“同稻粱菽麦黍稷打交道，与马牛羊鸡犬豕做朋友。”陶行知用启蒙读本《三字经》中句组对成联，生动有味，朴实有趣。

最有趣的马联当属下面的绕口联。上联说儿子小马，见自家养的两匹马跑出去踢咬，叫妈妈牵回槽上一事：“马咬马，马踢马，小马喊妈出，妈打马，妈拉马，马归马槽，妈妈喂马，马看妈，妈看马。”下联说农夫老牛叫妞拉牛一事：“牛抵牛，牛蹭牛，老牛叫妞来，妞砸牛，妞撵牛，牛入牛圈，妞妞拴牛，牛瞪妞，妞瞪牛。”上联妈和马，下联妞和牛，语音相同，凑事于巧，精构之作，让人不得不信“天下无语不成对”之说。

马做部首，自然有很多马做偏旁的字，《说文》“马部”收字两百个。马二岁（驹）、马六尺（骄）、驾二马（骈）、马四驾（驷）……分别细微，说明养马业在中国古代就兴旺发达。

马是一本“书”，永远读不完。